［遊び尽くし］

UME COOKING

産地発
梅クッキング

梅料理研究会 編

創森社

はじめに
～梅の里から梅の魅力をみなさまに～

南高梅のふるさと南部川村（和歌山県）は、太陽がさんさんと降りそそぐ、暖かく美しい村です。なだらかな山々に見渡す限り続く梅林は、名実ともに日本一の規模です。

私たちの四季は梅とともにあります。一月の終わりごろからぽつぽつと咲き始める梅の花が春の訪れを告げてくれます。その花は二月中旬には満開を迎え、「梅まつり」は遠方からのたくさんのお客さまで賑わいます。

初夏は梅の実の収穫と漬け込み作業。一家総出で梅取りをするため、小中学校では梅取り休みがあるほどです。

梅雨があけると、土用干しの始まりです。一粒一粒手作業で梅を返していくのですが、南高梅は皮が薄くて破れやすいので、とても気を使う作業です。村のあちこちで大量の梅を干している様子は、さながら大地

に梅のじゅうたんを敷きつめたかのようです。
そして秋がきて、梅干しづくりが終わっても、休む暇はありません。来年の収穫に向け、剪定《せんてい》や土壌改良、苗木づくりなど、たくさんの仕事が待っています。私たちの毎日は、おいしい梅や梅干しを全国各地のより多くの人たちに届けたいという気持ちを込め、梅という恵みを通して自然と向き合う日々なのです。

＊

こうしておいしい梅をつくり、毎日おいしい梅を食べていて思うのは、実は梅は「あー、すっぱい」と言いながらそのまま食べるのがいちばんだということです。しかし、そのまま食べるだけでは量に限りがあります。日本が世界に誇る健康食品・梅のおいしさをもっともっとたくさんの人たちに知っていただくために、私たちは梅を使ったいろいろな料理法を研究してきました。その成果をこうして一冊の本にまとめ、全国のみなさまにお届けできることは大いなる喜びです。

ところで梅干しには、赤ジソを使って赤く仕上げた「赤梅干し」と、シソを使わないで梅だけの色で仕上げた「白梅干し」があります。「白梅干し」といっても、梅の酸が土用干しで日に当たって自然に発色し、ほのかな薄紅色をしています。私どもはふだんには「白梅干し」を主につくり、料理にも使っているのですが、この本では全国的に普及の多い

「赤梅干し」もあわせてご紹介しています。とくに赤梅干しの漬け方につきましては、一般的な方法と、私たちがふだんにしています独自の方法との二通りをご紹介しました。

赤梅干しも白梅干しも、シソが入っているかいないかだけの違いですので、料理法に大きな違いはありません。ただし漬け方によって塩分が違うことがありますので、お料理の塩加減は、ご自分の使う梅干しによって加減してください。

＊

全国のみなさまにおいしい梅をお届けするために、たのしく豊かな梅仕事をしていただくために、私たちは今日も明日も梅と語り合っていきたいと思っています。

二〇〇一年春

梅料理研究会一同

［遊び尽くし］産地発　梅クッキング

●もくじ

もくじ

［南部川村うめ振興館］

梅の資料を展示＆梅物産販売
和歌山県日高郡南部川村大字谷口538-1
TEL0739-74-3444／FAX0739-74-3665

●

デザイン――寺田有恒
撮影――野村　淳
撮影協力――南部川村役場うめ課
樫山信也ほか
編集協力――坂橋小町
山口文子
中村真理
取材協力――南部川村うめ振興館
南部川村中央公民館ほか

序章

梅暦&梅仕事の勘どころ

青梅の出回るころ

春に先がけて白い梅の花が咲き、その花が散って実が実ると、いよいよ梅仕事の始まりです。梅の季節は短いものです。とくに梅酒用の青梅は、ほんの二～三日うっかりしているうちに、すっかり色づいて青梅としては使えなくなってしまいますから、時期が近づいたら要チェックです。

青梅のシーズンは六月上・中旬～六月末。流通がよくなった昨今では、全国ほぼ同じくらいの時期に出回りますが、青森以北はやや遅れて七月中旬がピークです。

［青梅スケジュール］

・五月中～下旬／小梅の出回り始め
・六月上旬／和歌山産の梅が全国へ出荷
・六月中旬／全国的に出荷ピーク
・六月下旬／ほぼシーズン終わり
・七月中旬／青森産の豊後梅の出荷開始
・八月初旬／全国的にすべてのシーズン終了

時期に合わせた梅仕事

梅仕事の始まりは、小梅の出回る五月中旬～下旬にスタートします。カリカリ漬けにするとおいしい小梅の出回る時期は短いので、見逃さないよう注意です。

六月に入ると、中粒～大粒の青くてかたい梅が出回ります。良質のものを選んで、梅酒や青梅ジャム、梅肉エキスをつくりましょう。

六月中旬は、出荷のピークで値段も安くなる時期。梅の実はほんのり熟して、梅干しづくりに最適です。

六月下旬から七月、そろそろ梅の実も終わりのころには、熟した梅の実が安く出回ります。黄梅ジャムづくりを楽しんでください。

梅暦と主な梅仕事（関西、関東を目安にした場合の例）

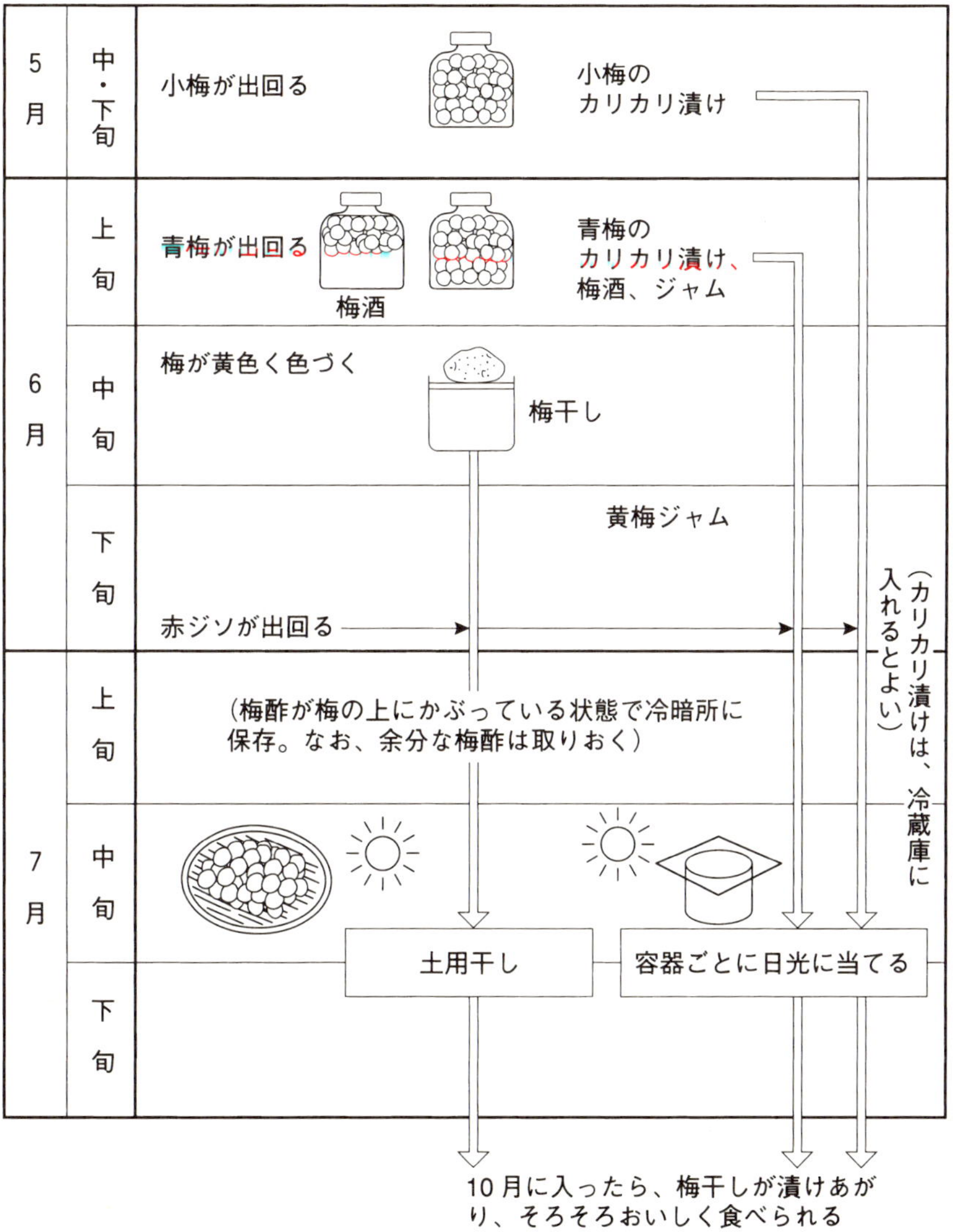
5月
中・下旬
小梅が出回る
小梅の
カリカリ漬け
6月
上旬
青梅が出回る
梅酒
青梅の
カリカリ漬け、
梅酒、ジャム
中旬
梅が黄色く色づく
梅干し
下旬
黄梅ジャム
赤ジソが出回る
（カリカリ漬けは、冷蔵庫に入れるとよい）
7月
上旬
（梅酢が梅の上にかぶっている状態で冷暗所に
保存。なお、余分な梅酢は取りおく）
中旬
下旬
土用干し
容器ごとに日光に当てる
10月に入ったら、梅干しが漬けあが
り、そろそろおいしく食べられる

「すっぱさ」の効能

一日一個の梅干しは病気をはらう、といわれています。梅には脂質、たんぱく質、糖質、繊維、灰分など多くの栄養素が含まれ、カルシウム、ナトリウム、鉄分などのミネラルも豊富なアルカリ性食品です。

人間が健康を保つためには、血液が常に弱アルカリ性である必要があります。梅の「すっぱさ」はクエン酸を主体とする有機酸によるものですが、これが体内に入ると血液を弱アルカリ性に保ち、次のような働きをします。

①食物の消化促進
②整腸作用
③殺菌・防腐作用
④解毒作用
⑤疲労回復作用
⑥老化予防効果

高齢化社会で深刻な問題になりつつある心臓病、ガンなどの生活習慣病の予防にも梅は有効です。

手軽にできる梅療法

頭痛・めまい　梅肉エキスを毎日三g飲み続けると、カルシウムの吸収がよくなり、ストレスがなくなって解消する。

便秘　梅肉エキスを湯に溶かし、ハチミツか黒砂糖で甘味をつけて飲む。

下痢　梅肉エキスを三～五g飲めば、二〇分ほどで症状がおさまる。

腹痛　種を取った梅干しをヘソの上に平らにのせ、もぐさをのせて灸をすえる。

食あたり　梅肉エキスか梅酢を飲む。

疲れ目　種を取った梅干しを平らにのばして和紙にはさみ、目に当てて眼帯をする。

梅（果実）の断面

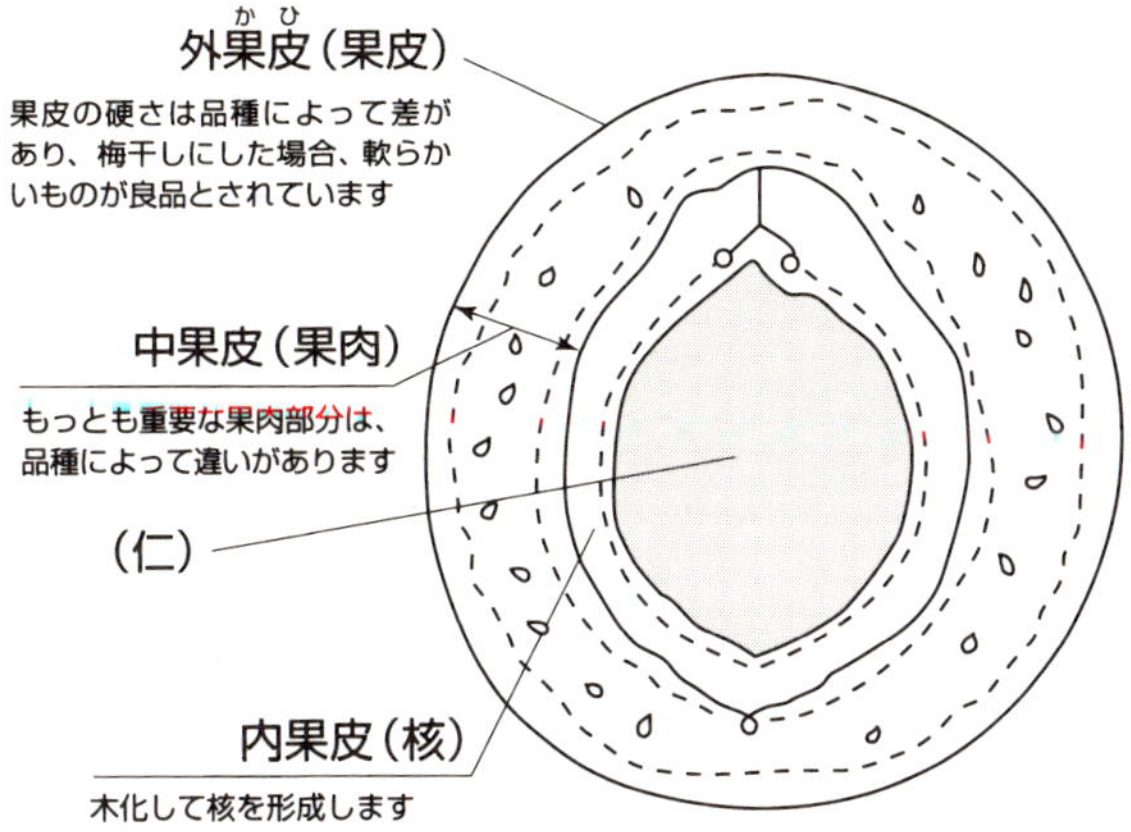
外果《か》皮《ひ》（果皮）
果皮の硬さは品種によって差があり、梅干しにした場合、軟らかいものが良品とされています
中果皮（果肉）
もっとも重要な果肉部分は、品種によって違いがあります
（仁）
内果皮（核）
木化して核を形成します

梅干しの効用

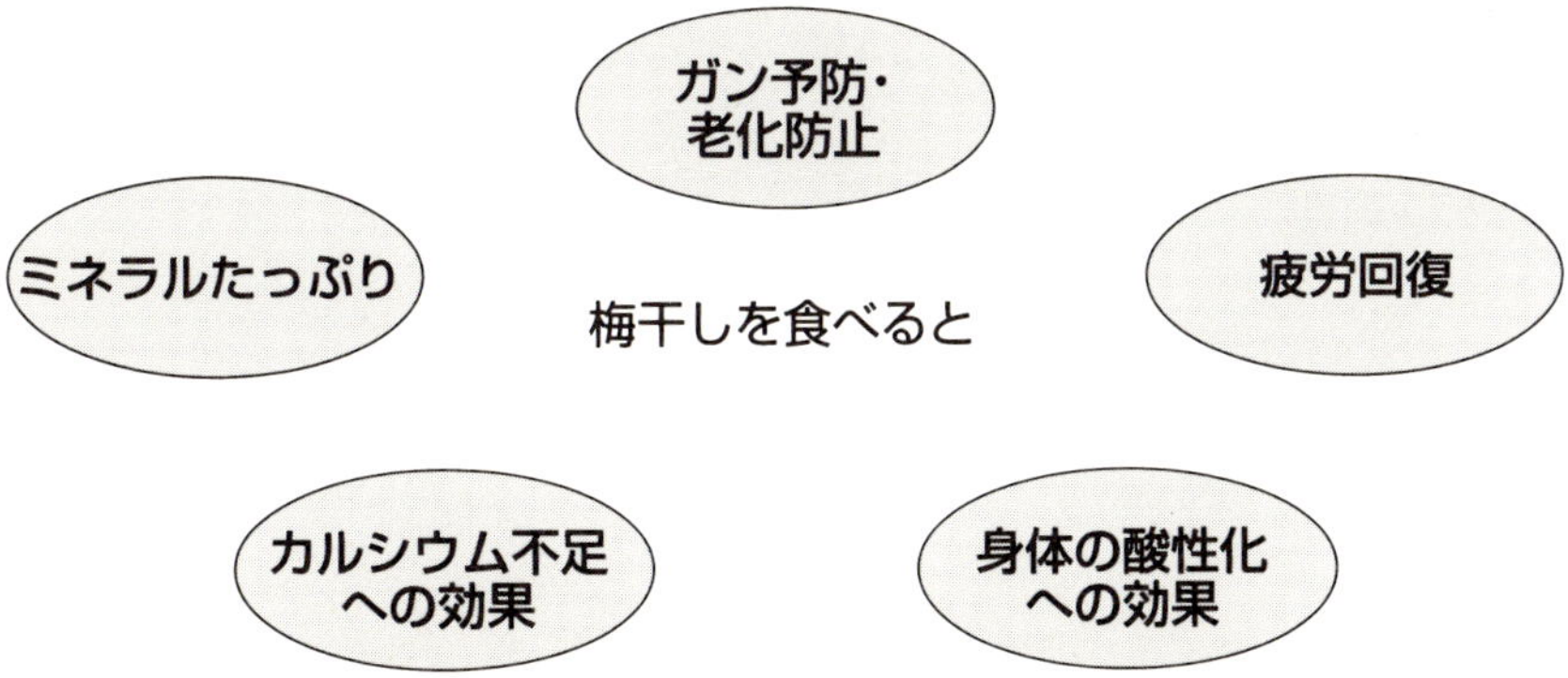
ガン予防・
老化防止
ミネラルたっぷり
梅干しを食べると
疲労回復
カルシウム不足
への効果
身体の酸性化
への効果

注）『南部川村うめ振興館常設展示図録』から

多種多様な地方品種

梅は、花を観賞する目的の「花梅」と、梅干し・梅酒などに実を利用する「実梅」に大別されます。梅全体での品種はおよそ三五〇種、実梅だけでも約一〇〇種の品種があります。

そのほとんどは、土地の気候や風土に合った地方品種。近くの産地で取れたものを、粒の大きさや熟度によって使い分けてください。近年では流通の進歩で、全国各地の産地からも新鮮なうちに各地に届けられています。

主な栽培品種の特徴

主だった品種を中心に紹介しますが、このほかにも各地にさまざまな品種があります。

豊後　収穫期は六月下旬～七月下旬。梅とアンズの雑種といわれ、一粒五〇～七〇gと大粒。梅酒に最適。

白加賀　収穫期は六月中旬～下旬。全国的に栽培量がいちばん多い。一粒三〇～四〇gで果肉が厚い。梅酒、梅干し、梅肉エキスに向き、用途が広い。

玉英　収穫期は六月中旬。一粒二五～三〇gで果肉が厚い。粒がそろっていて外観が美しく、最高の梅酒用品種。梅干しにも向く。

甲州最小　収穫期は五月下旬～六月上旬。一粒五g前後の粒ぞろいのよい小梅。種も小さく、カリカリ漬けに最適。

南高《なんこう》　収穫期は六月中旬。種が小さく果肉が厚い。一粒約二五g。梅酒、梅干し、梅肉エキスと用途が広い。

古城　収穫期は六月上旬～中旬。一粒二五～三〇gで果肉が厚く種が小さい。梅酒やジュースに適する。

主な品種と用途

	品　　種	主な用途
東　日　本	豊　　　後	梅酒
	白　加　賀	梅干し、梅酒、梅肉エキス
	玉　　　英	梅干し、梅酒
	養　　　老	梅干し
	甲州最小	カリカリ漬け
	信濃小梅	カリカリ漬け
西　日　本	南　　　高	梅干し、梅酒、梅肉エキス
	古　　　城	梅酒
	鶯　　　宿	梅酒

梅の花でおおわれる南部川村の丘陵地帯

注）『南部川村うめ振興館常設展示図録』から

南高梅の収穫と出荷

収穫の時を迎えて。梅の里の風景

南高梅は日の光が当たったところが赤く染まる

一つひとつ傷つけないように、手仕事で摘み取る

紀州みなべの南高梅・熟度と用途

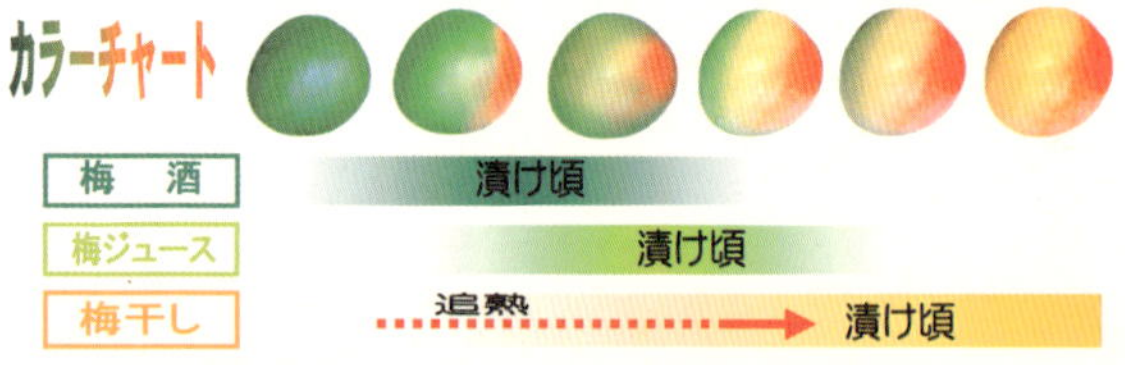
カラーチャート
梅　酒
漬け頃
梅ジュース
漬け頃
梅干し
追熟
漬け頃

注）JAみなべのカラーチャート表より

カゴいっぱいの青梅。瑞々しく香り立つ

南高梅のふるさと・南部川村

紀伊半島の南西部、和歌山県のほぼ中央に位置する日高郡南部川村。南部川が清らかに流れる梅の里です。現在、梅の最高級ブランドとして名高い「南高梅」は、この南部川村で生まれました。

このあたりは元来は痩せ地で、自生の梅や篠竹しか育たなかった土地ですが、江戸時代のはじめ、田辺藩主・安藤公がその痩せ地を免税にしたことにより梅の栽培が始まりました。「南高梅」が登場したのは昭和二十年代のこと。それまで各農家でばらばらにつくってきた梅の品種を統一しようという動きがあり、地元の農業高校（和歌山県立南部高校）の果樹クラブが調査をしました。その結果、村内の梅農家・高田家が持っていた梅の木が最適だということがわかり、その木（母樹）をつぎ木で増やしたのです。この品種が、昭和四十年に正式に「南高」と名づけられて登録されました。

皮は限りなく薄く、種は小さく、果肉は厚くやわらかい……たった一本の母樹から増やされてきた南高梅は、現在、村で生産される梅の七割を占めています。

ひと目一〇〇万、香り一〇里

南部川村の梅林には、約一〇〇万本の梅が栽培されており、毎年二月十一日の「梅の日」には梅まつりもおこなわれます。とくに晩稲の香雲丘から見下ろす花々の眺めは最高。

そしてその香りは、黒潮洗う南国紀州の暖かい風に乗り、一〇里もただようというスケールの大きさ。お近くにお出かけの際には、ぜひお立ち寄りください。

第1章

梅酒・梅干し
レッスン

梅酒

熟成が織りなす色、味、香り

年代物の梅酒たち　仕上がったらすぐに飲んでもよし、じっくりと寝かせてもよし。経た歳月によって色も香りも変化する

青梅酒

青梅の魅力が存分に生きた梅酒。
半年くらいから飲めるが、１年以上熟成させてから味わいたい

紅梅酒

南高紅梅でつくれば、美しい紅色の梅酒に。漬けて4～5日もすると、色が染み出てくる

材料とポイント

●梅酒には完熟前のかたい梅を

梅は新鮮で傷のない、粒のそろった完熟前のかたい青梅を選びます。大粒か中粒で果肉が厚く、種の小さい「南高」「白加賀」「豊後」などの品種が梅酒向きです。

●青梅酒と紅梅酒

梅料理研究会がある南部川村の特産品・南高梅は、日光に当たった部分が鮮やかな紅色になり、これをとくに南高紅梅と呼んでいます。梅酒やジュースをつくると、紅色が下りて美しい色合いに仕上がります。

青梅と紅梅の両方で漬ければ、それぞれの色の違いを楽しめます。つくり方は同じです。

●買っておいて熟してしまったら

梅酒にはかたい青梅が向くのに対して、梅干しづくりや青梅みそ、ハニープラム、黄熟ジャムづくりには熟した実のほうが適しています。梅酒用に購入した青梅を何日か置いて熟させてしまった場合には、梅干しやジャムづくりに替えてみるのも一つの方法です。

●適した砂糖と焼酎

一般に砂糖は、ゆっくり溶けて梅の成分がアルコールに抽出されやすくなる氷砂糖を使います。焼酎は三五度のホワイトリカーを。

容器と道具

梅の酸で溶けてしまう危険があるので、使う道具はすべてガラスかホウロウ、ざるは竹製のものを用意しましょう。

漬け容器　広口のガラス瓶。

ボウル　ホウロウかガラス製のもの。

竹ざる　金属の金具を使っていないもの。

竹串　梅のヘタを取るときに使います。

木綿の布巾かタオル　梅をふきます。

梅酒のつくり方

[材料] 青梅（または南高紅梅）1～1.5kg、氷砂糖600～800g、ホワイトリカー（35°）1.8ℓ

①梅の実はよく洗って、ざるにあげて水けを切る。乾いた布巾かタオルでていねいにふく。

②竹串を使って一粒ずつヘタを取る。

③熱湯消毒し、よく乾かした広口瓶に梅を入れる。

④次に、氷砂糖を静かに入れる。梅と氷砂糖を交互に入れてもよい。

⑤ホワイトリカーを注ぐ。

⑥密閉して冷暗所に保存する。

⑦半年くらいから飲めるが、1年以上熟成させたほうがおいしくなる。1年過ぎたら実と液を分け、別に保存するとよい。

梅干し

白梅干しと赤梅干しをマスターする

15年物の白梅干し

まろやかに旨みが
凝縮して

梅漬け

土用干しをしないで
食す梅漬けは、
カリカリした
歯触りが魅力

白梅干し

赤ジソを入れずに土用干ししてつくる。端正な味わい

赤梅干し

赤ジソを漬け込んだ色鮮やかで香り豊かな梅干し

材料とポイント

●かたい梅より熟した梅を

梅干しはかたい青梅よりも、やや黄色く熟した梅で漬けたほうが、失敗がありません。青梅を購入した場合は二〜三日置いて、梅の香がぷーんと匂ってくるくらいに追熟させてからつくるとよいでしょう。

梅は五kgくらいを一度に漬けたほうが味もよく、毎年漬ける手間も省けます。しかし、ご家庭では食べる量も限られますし場所も取りますから、本書では梅の分量を二kgとしました。

梅は粒がそろい、実に傷や斑点のないものを選びます。大粒または中粒で、種が小さく果肉が厚い「南高」「白加賀」「養老」などの品種が向きます。

カリカリ漬けの場合は、「甲州最小」「信濃小梅」などの小粒の品種で、完熟前のかたい青梅がよいでしょう。

●塩はニガリを含んだ自然塩を

塩はナトリウム塩ではなく、ニガリを含んだ自然塩を使ってください。塩の量は、梅の重量の二〇％を目安にするとよいでしょう。量を減らすと液が上がりにくくなり、焼酎を加えたりといった作業が必要になります。

●白梅干しと赤梅干し

梅料理研究会では、ふだんは赤ジソを入れない白梅干しを主につくり、後で好みの量だけ白梅干しをシソ漬けにすることにより赤梅干しをつくっています。しかし赤梅干しを中心につくる地域もあるでしょうから、赤ジソの入れ方に関しては、一般的な方法と私たちのふだんの方法の二通りを紹介します。

●赤紫色でやわらかい赤ジソを

葉先が縮れ、両面が赤紫色でやわらかい「ちりめんジソ」が最適です。片面が緑色のシソを使うと、あまり発色がよくありません。

容器と道具

●**漬け容器**　かめなどの陶器やホウロウ製、ガラス製で、広口のずんどうなふたつきのものを選びましょう。大きさは、漬ける梅の一・五～二倍の容量が目安。梅酢を取り分けるための、小型のガラス製保存瓶も用意しておきましょう。

●**落としぶた**　陶器の皿または木製（金属の釘を使ったものは、塩分と梅の酸でさびる危険性があるので避けます）。

●**敷き布**　布はさらしや木綿、ガーゼなどの素材のものを。敷き布は、塩漬けにした梅にかぶせるように置きます。焼酎をふくませて絞っておくと、カビの予防になります。

●**重し**　専用の重しのほか、陶器または自然石を使ってもよいでしょう。石や陶器の場合は、袋に包んでからのせます。水を丈夫なナイロン袋に入れ、しっかり縛っておけば、これも重しになります。梅二kgを漬ける場合の重さは、同重量くらいを目安に。

●**竹串**　梅のヘタを取るのに使います。

●**ボウル**　梅やシソを洗ったり、水に浸したり、塩をまぶしたりするときに使います。やはり金属を避け、ホウロウ製かガラス製を用意します。大きめのボウルが一つあると、一度に塩をまぶすことができて便利です。大きいガラスボウルは重くて扱いにくいので、ホウロウ製のものを用意しましょう。

●**竹ざる**　洗った梅の水けを切ったり、土用干しをしたりするときの必需品。梅の表面を傷つけることなく、酸や塩分にも強い竹製のものが最適です。

竹ざるのなかにも、ときおり金属製の釘を打っているものがあります。そういったざるは避けて、竹のみを使っているものを選び、きれいに洗って日に当てて乾かし、日光消毒したものを使ってください。

梅干しの漬け方

塩漬けして白梅酢を上げる

［材料］梅（かたい青梅よりも、やや黄熟した梅がよい）2kg、塩400g（梅の重量の20%）を用意する

①梅は洗ってざるにあげ、竹串を使ってヘタを取る（水をよく切れば、布巾で一粒ずつふかなくてもよい。完全にふきとってしまうよりも、塩が梅になじむ）。

②漬け容器に梅と塩各1/3量を入れ、よく混ぜる。

③さらに1/3量ずつ梅、塩、梅の順に入れて混ぜ、最後に残りの塩をのせるように置く。

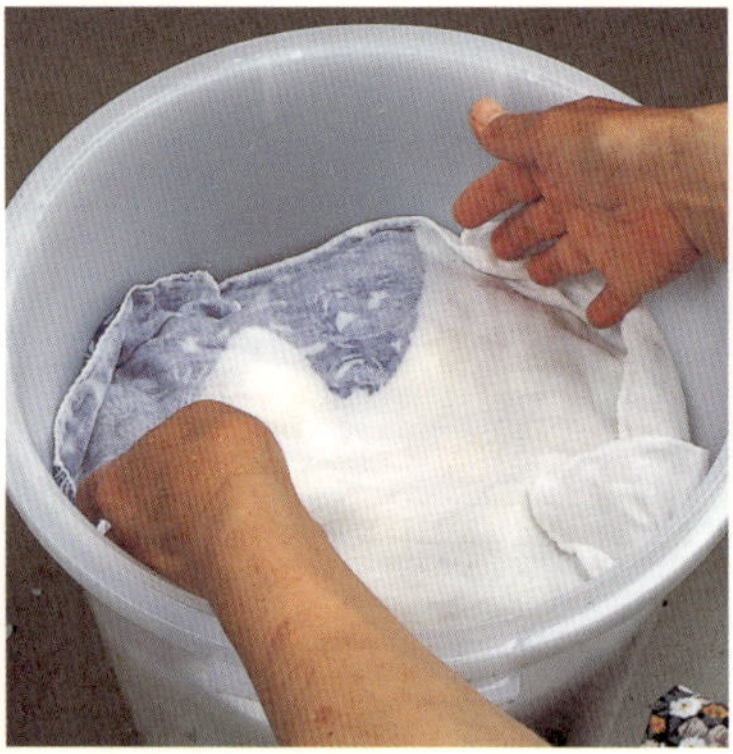

④上に敷き布を広げて、梅全体を覆うように敷く。

⑤敷き布の上に、落としぶたを置く。容器の面より、やや小さめくらいの大きさがよい。

⑥重し（2kg くらいのもの）をのせ、ふたをして冷暗所に保管する。3～4日で白梅酢が上がってくるが、少なくとも20日～1か月置いてから土用干し（p32）をする（白梅干しのできあがり）。赤ジソを入れた赤梅干しにする場合は左頁参照。

白梅干し

赤ジソを入れて赤梅干しをつくる

[材料] 赤ジソの葉200g（目安）、塩40g（シソの分量の20%）を用意する

①赤ジソの葉はよく洗い、水けを切る。茎ごと洗い、竿にかけて水けを切ってもよい。

②赤ジソに塩の1/2量をまぶし、しんなりしたらよくもむ。

③もんでアクを出し、両手でかたく絞ってアク汁を捨てる。残りの塩をまぶし繰り返す。

④先に漬けておいた梅から上がった白梅酢（右頁⑥参照）を赤ジソにひたひたにかけておくと、赤く発色する。シソをほぐしながら、右頁⑥の梅と酢の上に平らにのせていく。ボウルに残った梅酢も加える。
落としぶたをして重しをのせ、ふたか覆いで密閉する。冷暗所に置き土用を待つ。

白梅干しをつくってから、好みの量だけ赤梅干しにする場合

白梅干しに、後から上段のもみ赤ジソを加える方法で赤梅干しをつくります。白梅干しと赤梅干しの両方を楽しみたい方におすすめです。好みで、ハチミツやみりんを加えて甘味をプラスすることもできます。

［漬け方］①上段④で白梅酢をかけて発色させたシソと梅酢は、容器ごと外に出して二日くらい天日で干す。ときどき混ぜて、あまり干からびない程度に、まんべんなく日に当てる。こうしておけば、カビがでなくなる。

②密封容器に、白梅干し、①の赤ジソの順に二〜三層に重ねていき（分量は適宜。目安は上段のもみ赤ジソに白梅干し一kg）、ひたひたに米酢をかける。梅酢だけで漬けると味が辛めになるため、米酢に梅酢を好みの分量加えて漬けてもよい。

③密封して冷暗所に置く。二か月ほどで、香り豊かな赤梅干しができあがる。

色が冴える赤梅干し

南高梅の大産地・和歌山県南部川村での梅の土用干し風景

最近では、雨の心配のいらないビニールハウス内での土用干しが多い

土用干しの手順とコツ

土用に入ったら（七月二十日ごろ）、晴天の続きそうな日を選んで梅を干し、天日に当てます。太陽光線に当てることで、皮や果肉が破れにくくやわらかくなります。

［土用干しの方法］漬けた梅（30頁⑥、31頁④）は、たっぷりの水でざっと洗って表面の塩を落とします。平らなざるに一粒ずつ並べ、シソもあれば汁けを絞って天日に干します。

梅酢も容器ごと日に当てて干します。雨には絶対当てないこと。二日めの早朝または夕方に、表裏を返して干します。昔から三日三晩の土用干しといいますが、雨や干し場所の心配もあり、夜は家の中にざるごと取り込んだほうが安心です。

中粒で三日、大粒でも三日半か四日で干しあがります。清潔な容器に入れて保存を。

第 2 章

垂涎の的の
青梅クッキング

梅ジャム

青梅を丸ごと味わい尽くす

6月ごろから出回る青梅

青梅ジャムは酸味のきいた味わい
（つくり方p36）

梅酒ジャム

梅酒から取り出した漬け梅を生かして
（つくり方p36）

黄梅ジャム 黄色く熟した梅でつくる、まろやかな甘さのジャム（つくり方p37）

青梅ジャム

生の青梅でつくる青梅ジャムは、酸味のきいたフレッシュな味わいです。ただし糖分を多めにしないと、なかなかおいしくなりません。糖分を控えめにしたい方には、黄梅ジャムをおすすめします。

［材料］ 青梅一kg、グラニュー糖または砂糖七〇〇g～一kg

［つくり方］ ①梅は洗って、一晩たっぷりの水につけてアク抜きをする。ざるにあげてヘタを取る。

②ホウロウ鍋に入れて、たっぷりの水で梅の皮にひびが入るまでゆでる。すぐにざるに取り、水につける。

③五～一〇時間ほど水につけて酸味を抜き、種を取る。

④③の梅をざるにあげ、水けを切る。

⑤ホウロウ鍋に④を入れ、中火でコトコトと煮る。沸騰したら砂糖を三～四回に分けて入れ、焦げつかないようによくかき混ぜながら、四〇分ほど煮る。

青梅ジャム

梅酒ジャム

梅酒を漬け込んだ後で、取り出した梅を有効活用。いつでも手軽につくれるジャムです。

［材料］ 梅酒の梅一kg、グラニュー糖または砂糖一〇〇～三〇〇g

［つくり方］ ①梅酒の梅をホウロウ鍋に入れ、ひたひたの水を注いで火にかける。沸騰したら一度ゆでこぼし、アルコール分をとばす。

②ざるにあげて水けを切る。ひたひたの水

で今度はやわらかくなるまで煮て、ざるにあげて水けを切る。
③種を取って、つぶすか、または裏ごしする。
④グラニュー糖を加え、弱火で混ぜながら煮詰めてできあがり。

黄梅ジャム

青梅のシーズンが終わりに近づいたころ出回る、黄色く熟したやわらかい梅の実でつくったジャムは、鮮やかなオレンジ色で甘い香り。梅酒用に買ってきたまま、うっかり置いて熟させてしまった梅でつくってもいいのです。

黄梅ジャム

木杓子で混ぜ、焦がさないように煮詰める

［材料］ 黄熟梅一kg、グラニュー糖または砂糖三〇〇g（好みで四〇〇gでもよい）、ハチミツ五〇cc

［つくり方］ ①梅は洗って、一晩たっぷりの水につけてアク抜きをする。ざるにあげてヘタを取る。
②ホウロウ鍋に梅を入れ、かぶるくらいの水を入れて煮る。梅がやわらかくなったらざるにあげて水けを切る。
③種を取り除き（種は自然に取れる）、裏ごしする。つぶすだけでもよいが、裏ごししたほうが、きめが細かくなめらかに仕上がる。
④③とグラニュー糖を鍋に入れ、木杓子でかき混ぜながら弱火で煮詰める。アクはていねいに取り除く。
⑤ほどよいかたさに煮詰まったら、仕上げにハチミツを加えて混ぜ、火を止める。

青梅の含め煮

青梅のアクを抜く

水の中の青梅の、さやかな美しさに
思わず見とれてしまう

含め煮は汁につけて4～5日置き、
味がしみてから食べるとよい
(つくり方p40)

青梅の含め煮

しっとり煮上げた青梅の甘煮は、冷やしてデザートやお茶請けに、酒の肴にもなります。削り節をかけても、おいしくいただけます。

含め煮は、なるべくかたい若梅でつくったほうが失敗がありません。やわらかいと煮くずれしやすくなります。形をくずさず煮上げるコツは、とろ火（弱火）で煮ること。くれぐれも、強火で沸騰させないでください。そして煮すぎないこともポイントです。

［材料］ 青梅一kg、砂糖一kg、みりん五〇cc

［つくり方］ ①梅はていねいに洗ってざるにあげ、ヘタを取る。たっぷりの水に一晩さらしてアク抜きをする。

②①の水けを切り、皮がむけてしまわないように包丁で切り目を入れるか、針をブツブツ刺して一面に細かい穴をあけるかしておく。土鍋かホウロウ鍋に入れ、たっぷりの水を注いで弱火にかける。沸騰させないように弱火で三〇分ほど煮て、煮汁につけたままそーっと冷ます。水を替えて二～三回繰り返し、よくアクを抜く。

③アク抜きのすんだ梅をざるにあげて水けを切る。土鍋に梅、砂糖を入れて、ひたひたになるまで水をたっぷり加える。

④③の鍋をそのまま弱火にかけ、軽くふたをして、やわらかくなるまで煮る。仕上がり前にみりんを加え、火を止める。煮る時間の目安は三〇分だが、煮すぎないように注意する。また煮立つと梅の皮が破けるので、温度が高くなったらいったん火を止め、落ち着いたらまた火を入れるようにするとよい。

⑤鍋に入れたまま冷まし、容器や保存瓶に汁ごと形をくずさないように入れる。

＊四～五日おいて、味がしみてから食べる。

＊下ろし際に、好みでしょうゆ大さじ一を加えてもよい。酒の肴などに向く。

ハニープラム

梅酒の焼酎の代わりにお酢で梅を漬けたのがハニープラムです。実も汁もおいしく、有効に生かすことができます。

液は冷水や炭酸で割ればさわやかなドリンクに、ヨーグルトやクリームチーズと混ぜてデザートに、三杯酢やドレッシングなどの料理にも利用できます。

実はそのまま食べてもおいしいですが、ジュースの中に浮かしたり、ゼリー寒天の中に入れたり、フルーツポンチに入れたりと、見た目にもおしゃれで、楽しく活用できます。

梅はプーンと甘い香りがするほど熟したものを使ったほうが、おいしくできます。

[材料] 熟して黄色くなった梅（小梅なら一kg、肉厚の南高梅なら八〇〇～八五〇g）、ハチミツ四〇〇cc、米酢四〇〇cc弱

[つくり方] ①梅は洗って、たっぷりの水に一時間以上つけてアク抜きをする。ざるにあげてヘタを取り、布巾で水けをふく。

②広口瓶に梅を入れる。ちょうど瓶いっぱいになるのが理想的。

③酢を二〇〇ccほど入れ、瓶を振って梅になじませる。次にハチミツ二〇〇cc、残りの酢、ハチミツの順で一対一の割合で加えていき、梅がかぶるくらいに加減する。

④そのまま冷暗所に保管し、ときどき瓶をゆする。一か月ほどすると、梅がだんだん浮いてくるので、ときどき瓶を逆さにする。小梅は約五か月、南高梅は八か月～一年ほどで梅のかさが半分くらいになって下に沈む。そのころから飲めるが、一年くらい置いたほうが、梅がより甘酸っぱく、おいしくなる。

＊実はほかに、刻んでサラダやドレッシングに入れたり、刻んでフルーツケーキに焼き込むのもおすすめです。

ハニープラム

実も汁もおいしく、デザートやジュースに。
見た目も愛らしい一品
（つくり方p41）

梅肉エキス

青梅を煮詰めてつくる濃縮エキスは、
古来より民間薬として珍重されてきた
（つくり方ｐ44）

梅肉エキス

梅の有効成分を濃縮させた梅肉エキスは古来の民間薬で、食あたり、消化不良、下痢や便秘、頭痛やめまいなどに効くと江戸時代の医学書にも記されています。私たちの地域では、昔から「お腹の薬」として各家庭に常備されてきました。

塩分をまったく含まないので、高血圧や心臓病などで塩分を制限されている人にもおすすめです。成人病やガンの予防にと常用される方も多いようです。

ていねいに煮詰めてつくりますから、エキスは梅一kgから二〇gほどしか取れません。梅のすべてがギュ〜ッと濃縮された貴重品です。

そのままなめても、水やお湯に溶かしてハチミツなどの甘味を加えて飲んでもいいのですが、一回の使用量は耳かき一杯程度で十分です。濃縮されたエキスで酸味や苦味が舌に残りますから、一度に多くを口に含まないようにしてください。

つくるときは、梅の酸味が金けを嫌う（酸で腐食してしまう危険性がある）ので、陶製のおろし器を使ってください。鍋も土鍋かホウロウにしてください。

［材料］ 青梅（かたいもの）一kg

［つくり方］ ①青梅はよく洗って、ざるにあげる。一粒ずつヘタを取り、布巾でふく。

②まな板の上で一粒ずつ木づちかすりこぎでたたくかして梅を割り、木杓子で押して種を取り除き、陶製のおろし器ですりおろす。または、種のついたまま一粒ずつすりおろしてもよい。

③②を木綿のこし袋に入れ、汁をしっかりと絞り出す。五〇〇ccくらい取れる。

④汁を土鍋かホウロウの鍋に入れ、最初は中火でていねいにアクを取りながら、焦がさ

ないように煮立てないように注意して煮る。

⑤三分の一程度まで煮詰まったら弱火にして、木杓子でゆっくりかき混ぜながら、さらに煮詰めていく。木杓子ですうっと筋が引けるくらいのかたさまで煮詰まったら、できあがり。

⑥すぐに瓶に移し替える。そのままにしておくと鍋の中でカチカチに固まってしまうので注意する。

＊できあがりは色の変化で見るとよい。最初は薄緑色だった青梅の汁が、煮ていくにつれて緑がかってきて、やがて茶褐色、黒みがかった色へと変化していく。黒茶のタール状になったらできあがり。煮すぎるとかたくなるので、色やかたさの変化を、よく見るようにする。

＊中身を移し替えた鍋に残ったエキスも無駄なく利用したい。鍋は洗ってしまわずに、水カップ二杯ほどと好みの分量のハチミツを入れて火にかけ、ひと煮立ちさせて、鍋に残ったエキスを溶かす。

瓶に入れて冷やしておけば、滋味たっぷりの梅ジュースに。

梅を割る（梅産地ならではの手製の梅割り器）

陶製のおろし器ですりおろす

こして、汁をしっかり絞る

しょうゆやみそに生かす

青梅じょうゆ

青梅みそ

青梅をひたひたのしょうゆに漬けて
おくだけで、贅沢な梅じょうゆに

青梅みそは漬
けて5か月ほ
ど置けば、ほ
らこのとおり

半年ほど漬けて、利用する
(つくり方p48)

野菜につけたり、みそだれ
にしたりと、たいへん重宝
(つくり方p49)

青梅じょうゆ

青梅のさわやかな風味が生きた、ちょっと贅沢なしょうゆです。つくり方はとても簡単ですから、ぜひ試してみてください。しょうゆはもちろん漬けた梅の実も利用できます。

しょうゆは刺し身じょうゆとして好みの量を加えたり、また素焼きにしたキノコにつけたり、割り下にプラスしたり、砂糖を入れて照り焼きだれにしたりと重宝します。また、実は刻んで焼き飯に入れると絶品です。

［材料］ 青梅五〇〇g、薄口しょうゆ（濃口でもよい）五〇〇cc

［つくり方］ ①梅は洗ってざるにあげ、ヘタを取って、布巾で水けをふく。

②密封瓶に①の梅を入れ、かぶるくらいまでしょうゆを注ぐ（ひたひたになるように材料の分量を調整する）。

漬け込んだばかりの青梅じょうゆ

③なるべく涼しい場所に置く。多少は梅が浮いてくるので、ときどき上下を返したり、瓶を横に向けて梅がかぶるようにする。

④しょうゆも梅も半年後くらいから利用できる。

＊半年たったら実を取り出して、しょうゆと別にしても、そのままでも、どちらでもよい。一瓶で大量につくらないで、小分けして漬けると使いやすい。

青梅みそ

青梅の風味が生きたみそは、使い道も多種多様。そのままキュウリにつけて、モロキュウにしてもよし。ニンニクのみじん切りやおろしショウガ、すりゴマ、唐辛子など好みの薬味を混ぜれば、おいしいみそだれになります。

とくに豚肉との相性がよく、ゆで豚や野菜にかけて、またしゃぶしゃぶのたれにしても合います。

魚のムニエルや湯引きした魚介につけて食べるのもおすすめです。

[材料] 青梅（熟したもののほうがよい）五〇〇g、みそ五〇〇g、砂糖五〇〇g

[つくり方] ①梅は洗ってざるにあげる。ヘタを取り、布巾でていねいにふく。広口の密封瓶に梅、みそ、砂糖を入れ（二回くらいに分けて交互に入れるとよい）、日の当たらない涼しい場所に置く。

②三〜五か月たって、全体に溶け出したようになって少しジャブジャブしてきたら、梅を取り出す。

③混ぜて使いやすい容器に移し入れ、冷蔵庫もしくは冷暗所で保管する。

＊みそから取り出した梅（心持ち早め加減に出した場合）を、細かく刻んでジャコや削り節、山椒の実などとあえて食べてもおいしい。しかし、梅は十分に漬けて原形をとどめないくらいにエキスを抽出させたほうが、みそに風味が移っておいしくなる。

半年ほど置いた青梅みそ

青梅をジュースやお酒に

梅ブランデー&ウイスキー

梅ブランデー

香りを醸す楽しみ、待つ楽しみ
(つくり方p52)

梅ウイスキー

小粋に洒脱に飲む
(つくり方p52)

梅ジュース

青梅の魅力がいっぱい詰まったジュース。
南高紅梅でつくればピンクがかった色合いに
(つくり方p52)

梅ブランデー

甘く芳醇な香りで独特の味わいです。あまり高価な酒を使う必要はなく、むしろ安価なブランデーでつくったほうが楽しめます。

［**材料**］青梅一・五kg、氷砂糖六〇〇g〜一kg、ブランデー一・八ℓ

［**つくり方**］梅酒と同じつくり方で、一年間漬けておく。氷砂糖の量は好みで加減する。

梅ウイスキー

あまり甘くせずに、すっきり仕上げたほうがおいしく飲めます。氷砂糖の量は減らしますが漬け方は梅酒、梅ブランデーと同じです。

［**材料**］青梅一〜一・五kg、氷砂糖一〇〇〜三〇〇g、ウイスキー一・八ℓ

至福のひととき

梅ジュース

青梅でつくる、すっきりした喉越しのジュースです。南高紅梅でつくれば、魅力的な色合いの紅梅ジュースに。梅は冷凍してから漬けると、溶けるときに梅の果汁が十分に抽出されて失敗がなく、短期間で仕上がります。

［**材料**］青梅一kg、氷砂糖一kg

［**つくり方**］①梅はよく水洗いしてざるにあげ、ヘタを取って水けをふく。冷凍庫に一晩入れて凍らせる。凍ったまま瓶に入れ、氷砂糖を加えて漬ける。五〜七日で果汁が出る。

②梅を取り出し、果汁を入れた瓶を湯せん（八〇度で一五分間）で加熱殺菌する。保存は冷蔵庫に。冷水で五〜六倍に薄めて飲む。

第3章

出色の
梅干しクッキング

梅干しを使って

イワシの梅煮

青魚は梅煮がとくによく合う。梅も煮汁がしみておいしいので、いっしょに盛りつけて(つくり方p56)

魚は返さず、汁をすくってかけながら煮ると煮くずれしない

サツマイモの梅煮

梅のほんのりした酸味が、サツマイモの
自然の甘みを引き立てる（つくり方p56）

イワシの梅煮

煮魚に梅干しを使うと、臭みが消えて骨までやわらかくなります。昔から、背の青い魚を煮るときによく使われている方法で、イワシのほか、アジやサバを煮るときにもおすすめです。

[材料] イワシ（中）八尾、梅干し（小）四個、酒四〇cc、みりん三〇cc、砂糖大さじ一〜一・五杯、しょうゆ三〇cc

[つくり方] ①イワシは内臓を取り、よく洗って水けをふく。

②ホウロウ鍋に分量の調味料と水少々を入れて煮立て、イワシと梅干しを入れて中火で煮る。魚は裏返さず、ときどきスプーンで煮汁をすくって上からかけながら煮ると、煮くずれしない。

③煮上がったらそのまま冷まし、梅も添えて器に盛る。

イワシの梅煮はイワシも梅もおいしくする

サツマイモの梅煮

梅の塩味とほんのりした酸味がしみて、おかずにも、おやつやお茶請けにもぴったりの味です。カボチャでつくっても、おいしい。

[材料] サツマイモ三五〇g、水またはだし汁大さじ二杯、みりん大さじ二杯、梅干し中

二個（裏ごし、または細かくたたいて大さじ一杯の梅肉にする）、ハチミツ大さじ一杯

［つくり方］①サツマイモはよく洗い、皮ごと食べやすい大きさに切って、水に一時間ほどさらす。

②鍋に入れてひたひたの水を加えて火にかけ、竹串がすっと通るくらいまでゆで、ざるにあげて水けを切る。

③ホウロウ鍋に②を入れて分量の調味料と梅肉を加え、火にかける。最初は中火、煮立ったら弱火にして、汁けがなくなるまで煮含める。

サツマイモの梅煮

煮含めて照りをだす

ブリの梅つけ焼き

さっぱりした梅風味のつけだれに魚をつけて焼きます。味わいも格別です。

［材料］ブリ四切れ、しょうゆ六〇cc、みりん大さじ四杯、酒大さじ三杯、だし汁七〇cc、梅干し（中）四個（または62頁の梅びしお五〇gでもよい）

［つくり方］①梅干しは種を取って裏ごししておく（細かくたたいてもよい）。

②みりんと酒を合わせてひと煮立ちさせ、しょうゆ、だし汁、①の梅肉または梅びしおを加えて冷まし、ブリの切り身をつけ込む。

③中火で焦がさないよう両面を焼き、器に盛る。つけ汁を煮立たせて少し煮詰めて上からかける。

キュウリとカブの梅干し漬け

旬の野菜に梅干しをちぎって加え、
種もいっしょに漬け込みます
（つくり方p60）

梅ごはん

食欲のないときでもさっぱり食べられる、梅干しを炊き込んだごはんです（つくり方p61）

キュウリとカブの梅干し漬け

旬の野菜に梅干しをちぎって加え、種もいっしょに漬け込みます。一夜にして梅の風味がきいた漬物ができあがります。キュウリやカブのほか、大根や白ウリでつくっても合います。

［**材料**］キュウリ・カブなど旬の野菜一五〇g、塩小さじ一杯、梅干し（中）三個、みりん大さじ二杯、しょうゆ大さじ二杯、削り節大さじ三杯

［**つくり方**］①キュウリは乱切り、カブも食べやすい大きさに切って塩をふり、二～三時間置く。さっと洗って水けを切る。

②容器に①のキュウリとカブ、みりん、しょうゆ、削り節、梅干しをちぎって種もいっしょに入れて、混ぜ合わせて漬け込む。

③軽く重しをして、一晩置く。

梅と削り節の風味が生きたキュウリとカブの梅干し漬け

梅味の焼き飯

［**材料**］ごはん一合、シラス干しまたはジャコ五〇g、青ネギ少々、タマネギ中半個、ニンジン五cm、梅肉（裏ごししたもの）大さじ二杯、ケチャップ大さじ一杯、青ノリ少々、サラダ油少々

［**つくり方**］①タマネギはみじん切りにして、シラス干し、ニンジンといっしょにサラダ油でさっと炒めておく。

②ごはんを炒め、細かく刻んだ青ネギと①を加え、梅肉、ケチャップで味つけする。

好みで少しソースを加えてもよい。皿に盛って青ノリをたっぷりかけていただく。

梅ごはん

お弁当やおにぎりに、また冷えた梅ごはんは、お茶漬けにするのもおすすめです。油揚げやコンニャクなどのかやくを入れて炊き込んでも楽しめます。

［材料］ 米四カップ、梅干し（減塩していないもの）大二個または中四個、青ジソの葉適量

梅ごはん

果肉と種を炊き込んで

［つくり方］ ①米をといで普通の水加減で炊飯器にしかける。梅干しを細かくちぎって種もそのまま入れて炊く。

②米が炊きあがったら種を取り除き、全体を軽く混ぜ合わせる。食べる直前にせん切りの青ジソをちらす。

＊炊きあがったごはんにちぎった梅干しを混ぜ込む方法もあります。こちらも、食べる直前に青ジソのせん切りを散らしてどうぞ。

梅ぞうすい

［材料］ ごはん茶碗二杯、梅干し一個、塩昆布ひとつまみ、ミツバ少々

［つくり方］ ごはんは水でさっと洗ってぬめりを取る。鍋にごはん、水適宜、梅干し、塩昆布を入れてさっと煮、火を止めてからミツバを散らす。

梅びしおを使って

梅びしお

甘すぎず、しょっぱすぎず。
なめみそのような味わい
（つくり方p64）

多めにつくって瓶に入れ、
冷蔵庫などで保存を

豆腐の梅あんかけ

紅色の梅あんをかけた、見てよし味よしの一品です
(つくり方p65)

梅びしお

つくり置きしておくと便利な梅の調味料。一kgの梅干しから約六〇〇gの梅びしおができます。半年から一年は日もちしますし、重宝ですぐに使いきってしまいます。白梅干しだけ、赤梅干しだけで、あるいは混ぜてつくってもよく、赤梅干し少々を塩抜きせずに混ぜると色落ちせず風味も増します。

［材料］ 梅干し一kg、砂糖（裏ごしした梅肉の三〇～五〇%量。三〇%程度のほうが使いやすい）、みりん大さじ一～二杯

［つくり方］

①梅干しは6～8時間水につけて2～3回水を替えながら塩抜きし、水けを切る。水が冷たいと塩が抜けにくいので、冬はぬるま湯につけるとよい。

②種を取る。

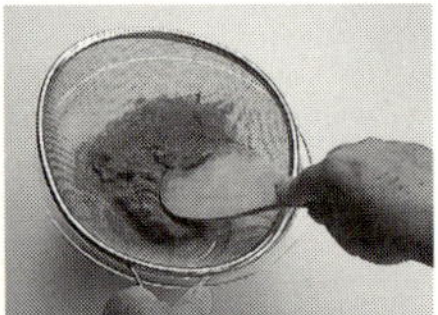

③裏ごしする。

④鍋に③の梅肉を入れ、弱火にかける。砂糖を2回に分けて入れ、ごく弱火で、ゆっくりと混ぜながら約20分練る。

⑤ジャム状になったらみりんを加える。

⑥照りがでてきたらできあがり。多めにつくって瓶に入れ、冷蔵庫などで保存を。

豆腐の梅あんかけ

とろとろの梅あんが食欲をそそります。梅びしおをまだつくっていない場合は、梅肉を使ってください。

一般に梅びしおは、裏ごしした梅肉にみりん少々を加えたもので代用できます。しかし梅びしおをまとめてつくっておいたほうが手間入らずで味もまろやかです。

［材料］もめん豆腐二丁、小麦粉少々、揚げ油適宜、梅あん（だし汁一カップ、梅びしお大さじ四杯、みりん少々、砂糖大さじ二杯、しょうゆ大さじ一杯）、片栗粉少々、ショウガ適宜、長ネギ適宜

［つくり方］①豆腐は水切りをして食べやすい大きさに切る。水けをふいて小麦粉をまぶし、中温の油でカラリと揚げる。

②鍋に梅あんの材料を入れてひと煮立ちさせ、同量の水で溶いた片栗粉でとろみをつける。

③器に①の揚げ豆腐を盛り、梅あんをかける。せん切りのショウガとネギのみじん切りをのせる。

豆腐の梅あんかけ。
熱々を召し上がれ

レンコンの梅肉あえ

［材料］レンコン一本、梅びしお（または裏ごしした梅肉とみりん）・しょうゆ・みりんはそれぞれ適量、白ゴマ少々、削り節少々

［つくり方］①レンコンは皮つきのまま酢水でゆでた後、冷水にとり、皮をむいて食べやすい大きさに切る。調味料は合わせておく。

②食べる直前に梅だれであえて器に盛る。白ゴマや削り節をかけて、できあがり。

そら豆とエビの梅あえ

春の香り満載の華やかなあえものです （つくり方ｐ68）

梅ずし

サバの一口ずし
ワサビの代わりに梅びしおを塗ってにぎります（つくり方ｐ69）

梅細巻きずし
梅びしおとキュウリやタクアンを芯にして巻いて（つくり方ｐ69）

そら豆とエビの梅あえ

旬のそら豆とエビの色合いが美しい、春ならではの一品です。

［材料］ エビ・そら豆・梅びしお（または裏ごしした梅肉とみりん）各適量、しょうゆ少々、みりん少々

［つくり方］ ①エビは塩少々でさっとゆで、殻つきなら殻をむく。そら豆も塩ゆでして皮をむいておく。

②器に盛り、梅びしお、しょうゆ、みりんを混ぜ合わせてかける。

そら豆とエビの梅あえ

エビもそら豆も色よくゆでて

サバの一口ずし

すしといえば、いつもはワサビを使いますが、代わりに梅びしおを使ったさっぱり味のおすしです。しめサバのほか、酢じめにしたアジ、イサキ、イカなどを使ってにぎってもいいでしょう。

［材料］ すし飯一合、白梅酢少々または合わせ酢（米酢大さじ一杯、砂糖小さじ一杯、塩小さじ半杯の割合）、しめサバ（一口大の切り身で）一〇枚、梅びしお（または梅肉とみりん）適宜

［つくり方］ ①すし飯をつくる。だし昆布を入れてかために炊いたごはんを飯台または大きめのボウルに入れ、白梅酢または合わせ酢をかける。うちわであおいで冷ましながら、

しゃもじで切るようにさっくりと混ぜる。

②すし飯を適量取り、軽くにぎってにぎりずしの形にする。

③梅びしおを少々指に取り、②でにぎったすし飯の上にワサビ代わりにつけ、しめサバをのせて再び軽くにぎる。

④二～三時間ねかせて味をなじませたほうがおいしい。

梅細巻きずし

梅びしおの酸味があるので、すし飯ではなく普通のごはんで巻きます。お好みですし飯を使ってもかまいませんが、その場合には、梅びしおの量を控えるようにしましょう。

[**材料**] ごはん一合、梅びしお（または梅肉とみりん）大さじ二杯強、キュウリ一本、焼きノリ二枚半

＊その他お好みで、タクアンや卵焼きなどの具を加えてもよく合います。

[**つくり方**] ①ごはんは冷ましておく。焼きノリは一枚を半分に切る。キュウリは半分に切ってから縦に棒状に切る（卵焼きを入れる場合はキュウリと同じ大きさの棒状に、タクアンは細切りにする）。

②巻きすの上に焼きノリを置き、その上にごはんを平らにのばす。

③梅びしお、キュウリなどの具をのせて巻き、少し置いてなじませてから、食べやすい大きさに切る。

サバの一口ずし

梅細巻きずし

アジの梅磯辺巻き

白梅酢で締めたアジを梅びしおとともにノリで巻いて、涼やかな仕上がりに
（つくり方p 72）

鶏手羽の唐揚げ梅風味

梅びしおをたっぷりと塗って、焦がさないようにじっくり揚げます
（つくり方ｐ72）

アジの梅磯辺巻き

［**材料**］アジ（中）四尾、青ジソの葉五～六枚、梅びしお（または梅肉とみりん）大さじ三杯、ハクサイの漬物少々、焼きノリ二枚、白梅酢（または米酢と塩少々）三〇〇～四〇〇cc

［**つくり方**］①アジは三枚におろしてさっと洗い、水けをふく。身の中央から左右に向けて包丁を入れて観音開きにし、三〇分～一時間ほど白梅酢につけるか、薄く塩をふって一時間ほどたったら米酢にさっとつける。

②皮をはいで、よく水けをふく。

③ノリは一枚を半等分し、巻きすまたはラップの上に置き、上にアジ一尾分（二枚）をのせる。さらに青ジソをのせ、五㎜幅に切ったハクサイの漬物を五～六本と梅びしおを置いて、芯にしてくるりと巻く。

④巻き終わりを下にして少し置いて落ち着かせ、一～二cmの長さに切る。

アジの梅磯辺巻き

鶏手羽の唐揚げ梅風味

冷めてもおいしいので、オードブルやお弁当にもぴったり。キスやアジなどの小魚や鶏もも肉でつくっても、おいしくできます。

［**材料**］鶏手羽先または手羽元一二本、梅び

しお大さじ六～一〇杯、片栗粉三分の一袋（たっぷりの量）、揚げ油適量

［つくり方］①鶏肉は洗って水けをふく。梅びしおをたっぷりと塗り、片栗粉もたっぷりとまぶす。

梅びしおをたっぷりつける

鶏手羽の唐揚げ
梅風味

②中温（一七〇度）に熱した揚げ油で、焦がさないようじっくりと揚げる。油の温度が高いと、梅を塗ったところが焦げてしまうので注意する。

③つけ合わせにプチトマトなどを添える。

梅トンカツ

［材料］トンカツ用豚ロース肉またはヒレ肉四枚、青ジソ八枚、溶き卵一個分、梅びしお（または梅みそ）・小麦粉・パン粉・揚げ油各適量

［つくり方］①豚肉は一枚を二等分し、間に包丁を入れて、片側をつけたまま切り開く。中に青ジソと梅びしおをたっぷりとはさむ。

②小麦粉、溶き卵、パン粉をつけ、中温の油で中まで火が通るまで揚げる。

＊梅びしおの代わりに梅みそ（つくり方92頁）を使っても、また違った風味が楽しめます。

梅ガツオを使って

梅ガツオのおにぎり

たっぷりの梅ガツオをおにぎりの上にのせても、
中に入れてにぎっても（つくり方p77）

梅ガツオ

サトイモの梅ガツオ煮

梅ガツオを加えて煮るだけで、ひと味もふた味も違います（つくり方p77）

梅ガツオ

梅干しとカツオの削り節との相性は抜群。そのままで酒の肴に、おにぎりやノリ巻きの具に、あえものにと幅広く活用できます。
多めにつくってふたつきの容器などに入れ、常備菜として用意しておくとよいでしょう。

[材料] 梅干し（大）二個または梅びしお（またはは梅肉とみりん）大さじ一杯、削り節ひとつかみ、しょうゆ小さじ二杯、みりん少々

[つくり方] ①梅干しは種を取って包丁でよくたたくか、裏ごしにする。
②フライパンまたは鍋で削り節をから煎りし、香ばしい香りが出たら火からおろす。
③梅肉（または梅びしお）を混ぜ、しょうゆとみりんで味を調える。梅びしおを使った場合は、みりんは控えめに。保存するときは冷蔵庫に入れる。

削り節をから煎りする

梅肉を加える

混ぜて、しょうゆとみりんで味を調える

梅ガツオのおにぎり

手塩にかけてにぎる、おむすびの味

人気のおにぎり。どなたにも喜ばれます。

［**材料**］ごはん・梅ガツオ・塩・焼きノリ各適量

［**つくり方**］梅ガツオを入れるかのせるかして、好みの量の塩をつけておにぎりをむすび、ノリを巻く。

サトイモの梅ガツオ煮

煮物にも梅ガツオはよく合います。少し加えるだけで、味がこっくりします。

［**材料**］サトイモ（小粒）六〇〇g、煮汁（だし汁二カップ強、酒四分の一カップ、砂糖大さじ一杯強、塩少々）、梅ガツオ適宜

［**つくり方**］①サトイモは皮をむき、かためにゆでる。塩（分量外）でもみ、流水で洗ってぬめりを取る。

②分量の調味料を煮立て、サトイモを入れて煮含める。

③サトイモにすっと竹串が通るくらいまで煮えたら、梅ガツオを好みの分量加えてひと煮し、火を止めて器に盛る。

サトイモに梅ガツオを好みの分量加えて煮る

梅マヨネーズを使って

オクラとカニの梅マヨネーズ

簡単につくれて、色合いがまた
おしゃれです（つくり方p80）

梅ポテトサラダ

梅を少し加えるだけで、味わいが断然
違ってきます（つくり方p81）

梅マヨネーズ

梅マヨネーズは梅びしお（つくり方64頁）とマヨネーズを一対一の割合で混ぜてつくります。梅びしおの代わりに梅肉でつくることもできます。その場合は梅干しは少し塩抜きしたものを使い、みりんと砂糖を少し加えると、マイルドな味になります。

生野菜やサラダに合うのはもちろんですが、フライにかけてソースにすると、さっぱりとおいしくいただけます。お好み焼きやサンドイッチにも、普通のマヨネーズを使う感覚で使ってみてください。意外なほどにマッチします。

梅サンドイッチ

［材料］ サンドイッチ用食パン一〇枚、梅マヨネーズ適量、具は好みでチーズ、レタス、キュウリ、卵焼き、ハンバーグなど

［つくり方］ ①食パンに梅マヨネーズを塗る。

②好みの材料をはさみ、上にまな板などをのせて一〇分ほど置き、落ち着かせてから食べやすい大きさに切る。

オクラとカニの梅マヨネーズ

酒の肴としても喜ばれますから、急な来客のときなどにも威力を発揮する一品です。

［材料］ オクラ・カニ缶・梅マヨネーズ各適量

［つくり方］ ①オクラは塩をふってこすり合わせ、表面の産毛を落として熱湯でゆで、小口切りにする。カニは汁を切り、ほぐす。

②オクラとカニを梅マヨネーズであえ、器に盛る。梅マヨネーズを上からかけてもよい。

梅ポテトサラダ

ガラス器に盛ると、また映える

定番のポテトサラダを、梅マヨネーズで仕上げました。

［材料］ ジャガイモ四個、ニンジン半本、キュウリ一本、ハム八〇g、タマネギ四分の一個、梅マヨネーズ適量、塩

［つくり方］ ①ジャガイモは一・五cm角、ニンジンはそれよりひと回り小さい一cm角に切り、ゆでてざるにあげ、水けを切る。

②タマネギはみじん切りにして水にさらす。キュウリは塩少々をふって板ずりし、縦半分に切ってから小口切りにする。どちらも水けをしっかり絞る。ハムは短冊に切る。

③①と②を合わせて梅マヨネーズであえ、好みでレタスなどを敷いたりトマトを添えたりして盛りつける。

ハムの代わりにツナ缶やカニかまを使っても

ピリ辛梅だれを使って

ナスのピリ辛梅

炒め煮したナスに、さっぱりとした梅だれをかけて（つくり方p84）

梅ドレッシングを使って

タコの梅ドレッシングあえ

梅ドレッシングは魚介類にとてもよく合います（つくり方p85）

梅ドレッシング

ピリ辛梅だれ

夏バテの時期にも食欲がわく、ぴりっとした辛味が心地よい梅だれです。サラダや冷や奴などにかけても合いますし、旬の野菜の炒め物とも相性のよい万能だれです。

［材料］ 梅びしお・みりん・砂糖各大さじ二杯、しょうゆ三分の一カップ、ショウガ汁大さじ二杯、白ゴマ大さじ二杯、七味唐辛子少々、ゴマ油少々

＊一度につくる分量は、使用頻度に応じて加減してください。

［つくり方］ 材料を混ぜ合わせる。

ナスのピリ辛梅

熱々はもちろん、冷やしてもおいしく食べられます。

かけだれがきいたナスのピリ辛梅

梅みそ（92頁）などをかけてもよく、かけだれを用意しておけば、いつでも手早くつくることができるのが魅力です。

［材料］ ナス（大）五個、ネギ二本、サラダ油適量

［つくり方］ ①ナスは縦半分に切り、皮の厚いところをむいて水にさらし、アク抜きをする。ネギはみじん切りにしておく。

②フライパンを熱してサラダ油を多めに入れ、ナスの両面を焦がさないように色よく焼く。

③ナスに油が回ったら、余分な油を切って少量の水とネギを入れ、ひと煮する。ナスがやわらかくなったら取り出して器に盛る。

④鍋にピリ辛梅だれを入れ、ひと煮立ちさせてナスにかける。

梅ドレッシング

　梅風味のさっぱり味のドレッシングは、とくに魚介類とよく合います。サラダばかりでなく、マリネや、ソテーやフライのソースにもぴったり。酸味が苦手な方は、砂糖をほんの少し、隠し味に入れてください。
　ここでご紹介するのは、しょうゆ風味の和風ドレッシングです。

［材料］ 梅干し（中）二個、しょうゆ大さじ半杯、サラダ油大さじ五杯、レモン汁大さじ一杯、青ジソのせん切り二枚分
＊一度につくる分量は、使用頻度に応じて加減してください。

［つくり方］ 材料を混ぜ合わせる。

梅ドレッシング

タコの梅ドレッシングあえ

　梅ドレッシングの紅色が映える、涼やかな一品です。

［材料］ ゆでダコの足一本、キュウリ、タマネギ、梅ドレッシング

［つくり方］ ①タコは一口大、もしくは薄いそぎ切りに。キュウリは皮をむいてコロコロの乱切りにする。タマネギは薄切りして水にさらし、水けを絞る。
　②全部の材料をボウルに入れ、梅ドレッシングであえる。冷蔵庫で冷たく冷やしてから食卓へ。

紅色が映えるタコの
梅ドレッシングあえ

紅梅ソースを使って

ゆで豚の紅梅ソースがけ

紅梅ソース

豚の塊肉は、紅茶を入れてゆでます。紅梅ソースのほか
梅みそ（ｐ92）をかけるのもおすすめ（つくり方ｐ88）

白梅ソースを使って

鶏肉と魚介の白梅ソースがけ

白梅ソース

蒸し焼きした鶏肉、イカ、エビにワインの入った白梅ソースをかけて（つくり方p89）

紅梅ソース

梅にケチャップとしょうゆを加えたソースです。ケチャップが入る分、ソースがさらに鮮やかな色になります。肉類をフライパンで焼いて、このソースをからめると美味。

［材料］梅びしお（または裏ごしした梅肉、みりん、しょうゆ）大さじ八杯、ケチャップ大さじ八杯、しょうゆ大さじ二〜二杯半

＊一度につくる分量は、使用頻度に応じて加減してください。

［つくり方］材料を混ぜ合わせる。

ゆで豚の紅梅ソースがけ

かけるソースによって、さまざまな味わいを堪能できます。

ゆで豚の紅梅ソースがけ。見た目も華やかで、しゃれたオードブルにもなる

［材料］豚ロース塊肉三〇〇〜五〇〇g、ティーバッグの紅茶一パック、好みでインゲン・キュウリ・パセリ各少々、梅みそ適宜

［つくり方］①豚肉は塊のままティーバッグといっしょに鍋に入れ、たっぷりの水を注いで火にかける。

②コトコトと四〇分ぐらい煮て、やわらかくなったら火を止めて冷ましておく。

③五㎜厚さに切り、ゆでたインゲンやせん

切りしたキュウリ、パセリなどを添え、紅梅ドレッシングをかける。

白梅ソース

鶏肉やシーフード料理、サラダに。冷たく冷やしておくとよいでしょう。

［材料］ 梅びしお（または梅肉とみりん）大さじ二杯、マヨネーズ大さじ四杯、牛乳一五〇cc、白ワイン大さじ一杯

＊一度につくる分量は、使用頻度に応じて加減してください。

鶏肉と魚介の白梅ソースがけは、鶏肉は強火で、しかし焦がさないように片面を焼く

［つくり方］ ①分量の梅びしお、マヨネーズをよく混ぜ合わせ、牛乳を少しずつ加えながらのばしていく。

②ワインを加え、味を調える。

鶏肉と魚介の白梅ソースがけ

［材料］ 鶏むね肉二枚、イカ二杯、エビ八尾、料理用白ワインカップ半杯、塩・コショウ・サラダ油各適宜、好みの添え野菜

［つくり方］ ①鶏むね肉は皮を取り、塩、コショウする。フライパンに油を引き、上に盛るほうを強火で片面焼き、裏返す。

②下処理したイカの胴体とエビを加え、弱火にしてワインを入れ、ふたをして一五分ほど蒸し焼きにする。

③皿にとって冷まし、食べやすい大きさに切る。好みの野菜を添え、白梅ソースをかける。

梅肉じょうゆを使って

梅焼き鳥

梅肉じょうゆのたれをつけて。あっという間になくなってしまいます（つくり方p92）

梅みそを使って

梅田楽

とろりとかかったゴマ入りの梅みそと田楽
との見事なハーモニー（つくり方p93）

梅肉じょうゆ

刺し身のつけじょうゆや、おひたしのかけじょうゆに。焼き鳥のたれにしても抜群です。さっぱりした風味で食欲をそそります。

［材料］梅干し（大）一個、しょうゆ・みりん各大さじ一杯、だし汁大さじ二杯

［つくり方］梅干しの種を除いて細かくたたき、分量の調味料と混ぜ合わせる。

梅焼き鳥

［材料］鶏むね肉二枚、シシトウ八本、梅肉じょうゆ適宜、酒大さじ二杯

［つくり方］①鶏肉はひと口大に切り、酒をふって竹串に刺す。

②よく熱した焼き網の上にのせて焼き、火が通ったら梅肉じょうゆをさっと塗る。乾いたらまた塗り、二〜三度繰り返す。炭火で焼くと、なおおいしい。

③シシトウも焼き、器に盛り合わせる。

梅肉じょうゆの香ばしさに誘われて

梅みそ

梅みそは、調味料としてそのまま使えるの

で、とても重宝です。あらかじめ多めにつくって、器に入れておくとよいでしょう。

[材料] 梅びしお（または梅肉とみりん）と白みそは一対一の割合、みりん（またはだし汁）少々

[つくり方] 分量の材料をよく混ぜる。

チクワとワケギの梅みそあえ

チクワとワケギの梅みそあえ

[材料] チクワ一本、ワケギ一束、梅みそ適量、すり白ゴマ少々

[つくり方] ①チクワは細切りに。ワケギはゆでて、チクワと同じくらいの長さに切る。

②梅みそにすりゴマを入れて①をあえる。

＊青梅みそ（49頁）を使ってもおいしい。

梅田楽

大根やコンニャクなど、好みの材料をだし汁で煮て田楽にし、梅みそに煎りゴマをすり入れたみそだれをつけて食べます。

[材料] 大根・コンニャクなど各適宜、彩りにゆでてインゲンなど少々、梅みそ・煎り白ゴマ各適宜

[つくり方] ①大根は二cm幅に、コンニャクは三角形に切り、だし汁でほどよく煮る。

②梅みそに白ゴマを混ぜ、器に盛った田楽にかける。インゲンなどを添える。

梅酢漬け

白梅酢、赤梅酢を使って

ショウガの赤梅酢漬け

ショウガは一度塩漬けしてから梅酢に漬けます。ひと手間かけることにより、カビがでにくくなります（つくり方p96）

赤梅酢（左）、白梅酢

アジの白梅酢じめ

ほどよい酸味がきいた絶品の味わい（つくり方p96）

梅床を使って

野菜の漬物

梅干しを漬ける途中、破けたりした
梅はぜひ漬物の床として利用したい

梅床で漬けたキュウリ、ニンジン、ナス（つくり方p97）

梅床

ショウガの赤梅酢漬け

梅干しを漬けると「梅酢」がとれます。塩漬けした梅から上がってくる透明な汁が「白梅酢」、赤ジソを加えて真っ赤に発色させたものが「赤梅酢」です。

［材料］ ショウガ五〇〇g、塩五〇g、赤梅酢二カップ、塩もみした赤ジソ（31頁。梅といっしょに漬けたものでもよい）適宜

［つくり方］ ①ショウガは皮をタワシでよくこすって洗い、食べやすい大きさに切る。

②分量の塩を五カップの水に溶かして塩水をつくり、①を軽く重しをして二〜三日漬ける。塩が上がったら、さっと水洗いする。

③ざるにあげて、風通しのよいところで半日ほど陰干しする。

④漬け容器にショウガを入れ、赤梅酢を注ぎ、塩もみした赤ジソも入れる。軽く重しをして一か月ほど漬ける。もみジソをショウガを覆うように置いて漬けておけば、重しをしなくても赤く染まる。

＊保存がきくよう塩分を多めにしているので、食べるときには、好みにより一〜二時間水にさらして塩抜きするとよい。

アジの白梅酢じめ

イワシやタチウオなどにも合います。

［材料］ アジ（刺し身にできる新鮮なもの）・白梅酢・ショウガ・青ジソ各適宜

［つくり方］ ①アジは三枚に開き、流水で洗ってよく水けをふく。

②白梅酢に漬ける。中くらいの大きさのアジで一時間、小ぶりなら三〇分、小アジなら酢をくぐらせる程度でよい。

③切って盛りつけ、ショウガと青ジソのせん切りをのせる。

梅床（野菜の漬物）

梅干しをたくさん漬けると、なかにはどうしても皮が破けたりするものが出てきます。裏ごしして梅肉として使ってもいいのですが、ある程度量があるようでしたら、ぜひ漬物の床として使うことをおすすめします。

色よく歯ざわりよく漬けあがる

［材料］ お好みの季節の野菜適宜

［つくり方］ ①破れた梅を種ごと別容器に入れ、キュウリやナス、大根、ニンジンなどお好みの材料を、食べやすい大きさに切って漬け込む。

②一晩から半日置いておくだけで、梅の風味たっぷりの漬物ができあがる。

＊ぬか床のような手間もかからず簡単で、色よくシャッキリと漬けあがります。梅床をつくりたいために、毎年多めに梅干しを漬けてしまうほどの味わいです。

＊梅の種はころ合いを見て取り出しておくと、漬け込みのじゃまになりません。

＊好みで昆布、削り節などを加えても、また違った風味が楽しめます。

＊ときどきスポンジで余分な水分を吸い取ります。梅床は一か月ほど、そのまま使えます。

◆梅干しを使った、もう一品

梅干しのてんぷら

梅干しを丸ごと揚げた、かわいらしいてんぷらです。そのまま食べても、ご紹介したつけだれで食べても美味です。

つくり方「その1」のてんぷらは、つけだれで食べる場合に合いますし、「その2」は、そのまま食べる場合に合います。

［梅干してんぷらのつくり方　その1］

①梅干し（小粒）は好みの量だけ皮の破れていないものを選び、五〜六時間ぬるま湯につけて塩抜きする。

②水けをふき、同量の水で溶いた片栗粉少々をつけて中温の油で揚げる。

［つけだれ（**梅干し五個分**）**のつくり方］**

①だし汁大さじ四杯、しょうゆ大さじ二分の一杯、みりん大さじ一と二分の一杯を混ぜ合わせる。

②梅干しのてんぷら（その1）をつけて食べる。そのまま食べても、大根おろしや薬味をかけてもよい。

［梅干してんぷらのつくり方　その2］

①梅干し（小粒）五個（目安）は塩抜きした後、だし汁大さじ四杯、砂糖大さじ三杯、しょうゆ小さじ一杯を混ぜ合わせたつけ汁に二〜三日漬ける。

②水けをふき、同量の水で溶いた片栗粉少々をつけて中温の油で揚げる。

＊市販の味つけ梅をそのまま、水溶き片栗粉をつけて揚げてもよい。

梅干しのてんぷら入りうどん

うどんに梅干しのてんぷら、または少し塩抜きした梅干しを一個入れると味が引き立ちます。彩りもよく、食欲をそそります。

梅干しのてんぷら（写真上）と梅干しのてんぷら入りうどん

◆梅びしおを使った、もう一品

青魚の梅揚げ

つまみにも、おかずにもなる小粋な一品です。好みでレモン汁や大根おろしを添えていただきます。

［材料］ イワシまたは小アジ一二尾、青ジソの葉五〜六枚、梅びしお（または梅肉とみりん）大さじ三杯、卵白一個分、片栗粉大さじ五杯、揚げ油適量、楊枝一二本

［つくり方］ ①魚は頭と内臓を取っておろし、骨も除いてよく洗い水けをふく。

②腹の部分に片栗粉を少々ふり、青ジソと梅びしおをのせて頭側からくるりと巻き、楊枝でとめる。

③②をボウルに入れ、残りの片栗粉をふりかけ、よく溶いた卵白を入れて混ぜる。中温に熱した油でカラリと揚げる。

身に青ジソと梅びしおをのせて巻いた青魚の梅揚げ

鶏ささみの梅春巻き。鶏肉と梅の風味がよく合って、いくらでも食べられます

鶏ささみの梅春巻き

ビールのおつまみやお弁当のおかずにと、大活躍する一品です。梅味がエッセンスとなって、淡泊な鶏肉の味を引き立てます。

[材料] 鶏ささみ三〇〇g、青ジソの葉一〇枚、梅びしお（または梅肉とみりん）大さじ四〜五杯、春巻きの皮一〇枚、揚げ油適量

[つくり方] ①ささみは筋を取り、三〜四cmの斜め切りに。青ジソは一枚を四等分する。

②春巻きの皮も四等分し、四角形の一方の角に、それぞれ鶏ささみと青ジソを置き、梅びしおを塗ってきっちりと包む。巻き終わりは水をつけてとめ、下にしておく。

③揚げ油を中温に熱し、焦がさないようカラリと揚げる。よく油を切り斜めに切って、好みでトマトやパセリなどとともに盛りつける。

梅スパゲティ

写真では、具が梅びしおのみで、ノリとシソのせん切りをかけた、いちばんシンプルな梅スパゲティを紹介しました。つくり方では少し素材を増やして、トマトとタマネギを加えた具だくさんの方法を紹介します。ほかに鶏ひき肉やアサリ、イカ、エビなどのシーフードを加えてもよいでしょう。

[材料] スパゲティ（乾）約一八〇g、トマト水煮（缶詰）三〇〇g、梅びしお（または裏ごしした梅肉）五〇g、タマネギ半個、ニンニク少々、白ワイン五〇cc、塩・コショウ・サラダ油またはオリーブ油各適宜

[つくり方] ①タマネギ、ニンニクはみじん切りにし、サラダ油またはオリーブ油で炒める。タマネギが透き通ったらトマト水煮と白ワインを加えて二〇分ほど煮込み、梅びしおを加えて塩、コショウで味を調える。

②スパゲティをゆでて器に盛り、①のソースをかける。

タクアンの梅あえ

タクアンの梅あえは素朴な味わい。梅びしおと削り節であえるだけですから、とても簡単です。

古漬けや塩けの強いタクアンは、少し塩抜きしてから調理してください。

[材料] タクアン約一〇cm分、梅びしお（または梅肉とみりん）小さじ一～二杯、削り節少々

[つくり方] ①タクアンは小さく切る。

②梅びしおと削り節であえる。

梅、青ジソ、ノリ入りスパゲティ。好みで魚介や野菜をプラスして

タクアンの梅あえは、梅と削り節の風味がきいた一品。とても簡単なのがうれしい

梅入り水ようかん

［材料］生あん三〇〇g（小豆で一五〇g）、棒寒天一本、水六〇〇cc、砂糖二五〇g、梅干し三個（減塩していないもの）

［つくり方］①梅干しは、種を取って裏ごしする。

②寒天はさっと洗ってちぎり、分量の水に一〇分ほどつけ、やわらかくなったら火にかける。寒天が煮溶けたら砂糖を加え、トロリとして、分量がおよそ三分の二くらいになるまで煮詰める。

③生あんに②の寒天液を加え、よく混ぜて再び火にかける。焦がさないよう弱火で煮詰め、全体がねっとりしてきたら梅肉を加えて火を止め、水でぬらした型に流して冷やし固める。

梅酒ケーキ

［材料　直径一八cmの丸形一個分］薄力粉四〇g、コーンスターチ四〇g、砂糖九〇g、卵（大）三個、無塩バター二五〜三〇g、梅酒大さじ三杯、梅酒の実五〜六個

［つくり方］①薄力粉とコーンスターチは二〜三回ふるいにかける。砂糖もふるっておく。

②卵は卵黄と卵白に分ける。まずは卵白を立つくらいまで泡立て、砂糖を二〜三回に分けて入れる。次に卵黄を加え、薄力粉とコーンスターチを加えてさっくりと混ぜ、溶かしバターも加える。

③細かく刻んだ梅の実を加え、バターを塗った型に流し入れる。

④一七〇度に熱したオーブンで三〇〜三五分焼く。焼き上がったら型から出し、梅酒をふりかける。

梅酒かん

［材料］寒天一本、梅酒一五〇cc、水三五〇cc、砂糖五〇～一〇〇g、レモン汁大さじ二杯、梅酒の実四～五個分

＊砂糖の量は、梅酒の甘さや年代によって加減する。一年物の場合は一〇〇gを目安とするが、二～三年物の場合は五〇～七〇gでよい。

ケーキや寒天寄せには、梅酒の実の代わりにハニープラム（p41・42）を入れても合います

［つくり方］①寒天は洗って細かくちぎり、水三五〇ccを加えて火にかける。よく煮溶かし、砂糖を加える。
②さらに煮て火からおろし、梅酒、レモン汁を入れてよく混ぜ、粗熱をとってから型に流す。好みで梅酒の実などを適当な大きさに切って入れてもよい。
③冷水または冷蔵庫で固める。

大福茶

古来から、元旦の朝、梅干しと結び昆布（だし昆布）を入れたお茶を飲むと縁起がいいとされ、「大福茶」と呼ばれています。梅干しにはシワが寄るまで長生きするという意味合いが、昆布には「よろこぶ」に通じるという意味合いがあり、病をはらい福を呼び込むとされています。

味梅

［材料］ 梅干し五〇〇g、A（カツオだし汁一五〇cc、白梅酢一〇〇cc、砂糖一〇〇g、みりん大さじ二杯、米酢大さじ二杯、しょうゆ少々）、ハチミツ大さじ二杯、焼酎（三五度）大さじ二杯

［つくり方］ ①梅干しは水またはぬるま湯につけ、三回くらい水を替えて半日ほど塩抜きをする。水けを切って陰干しする。

②Aをホウロウ鍋に入れ、ひと煮立ちさせて火を止める。ハチミツを加えて、混ぜて冷ます。

③冷めた②に焼酎を加え、①の梅干しを漬け込む。小粒のものは三日、中粒で四日、大粒は四～五日でできあがり。保存するときは液から出して別容器に入れ、冷蔵庫へ。

昆布梅

［材料］ 梅干し二〇〇g、砂糖五〇g、みりん五〇cc、刻み昆布（またはだし昆布）五g、しょうゆ大さじ一杯、だし汁一カップ

［つくり方］ ①梅干しは二回ゆでこぼして塩抜きをする。昆布は細かく切って水一・五カップに浸しておく。

②鍋に昆布（つけておいた水ごと）とだし汁、調味料を入れてひと煮立ちさせ、梅干しを加えて二〇～三〇分煮る。

③そのまま冷まして三日ほど味をなじませ、汁けを切って別容器に入れ、冷蔵庫で保存する。煮汁は煮物、あえものに利用する。

ショウガ梅

〔材料〕 梅干し二〇〇g、砂糖四〇g、みりん大さじ二杯、しょうゆ大さじ一杯、削り節ひとつかみ（四～五g）、おろしショウガ四〇～五〇g、だし汁一カップ

〔つくり方〕 ①梅干しはたっぷりの水で二度ゆでこぼして塩抜きをする。味見をして、まだ塩けがあるようなら、三時間ほどぬるま湯につけ、よく塩を抜く。

②ホウロウ鍋に分量のだし汁と削り節、調味料を入れて煮立たせ、①を入れて弱火で二〇～三〇分煮る。煮上がりぎわにショウガ汁を絞って加え、火を止める。

③鍋に入れたまま冷まし、別容器に入れて冷蔵庫へ。二～三日味をなじませて食べる。

甘梅

〔ハチミツで漬ける場合の材料〕 梅干し一〇〇g、ハチミツ五〇cc、焼酎二〇cc

〔つくり方〕 ①梅干しはたっぷりの水で二～三度ゆでこぼし、よく塩を抜く。

②ハチミツと焼酎を混ぜて①を漬け込む。三日ほどして味がなじんでから食べる。

〔氷砂糖で漬ける場合の材料〕 梅干し一〇〇g、氷砂糖一〇〇g、焼酎一カップ

〔つくり方〕 ①梅干しはたっぷりの水で二～三度ゆでこぼし、よく塩を抜く。

②鍋に焼酎を入れ、ひと煮立ちさせてアルコール分をとばし、氷砂糖を煮溶かす。

③冷ました②に①を漬け、二～三日なじませてから食べる。

梅干しを変幻自在に楽しむ

梅干しは健康維持・増進の立て役者

梅料理を製作した梅料理研究会のみなさん

●編者プロフィール

梅料理研究会（うめりょうりけんきゅうかい）

1982年、日本一の梅の里として知られる和歌山県南部川村の梅生産農家の女性有志により、梅加工・梅料理の研究、普及を目的に発足。地元への視察者・研修者にたいし、梅料理の実習や交流会を開催したり、他府県からの講師派遣要請にこたえたりしている。また、毎年2月11日の梅まつりには、観梅客を対象に梅料理の試食会などをおこなう。正称は南部川村梅料理研究会。会員は20名（岩本直子会長）。

［梅料理研究会事務局］連絡先

〒645-0026　和歌山県日高郡南部川村谷口538-1

南部川村役場うめ課

TEL0739-74-3444／FAX0739-74-3665

［遊《あそ》び尽《づ》くし］産地発《さんちはつ》 梅《うめ》クッキング

2001年6月5日　第1版発行

編　者――梅料理研究会《うめりょうりけんきゅうかい》

発行者――相場博也

発行所――株式会社 創森社

〒162-0822　東京都新宿区下宮比町2-28-612

TEL03-5228-2270　FAX03-5228-2410

http://www.soshinsha-pub.com

振替　00160-7-770406

付物組版――有限会社 天龍社

印刷製本――シナノ印刷株式会社

ISBN4-88340-102-2 C0077

［遊び尽くし］シリーズ　●創森社

焚き火クッキング指南
かまどを作り、薪を拾って火を焚く。食材を煮たり焼いたりあぶったり……豪胆の贅を尽くす焚き火料理ノウハウ集。

A5判・144頁・定価(本体一二六二円+税)　大森　博著

漁師流クッキング礼讃
とれとれの新鮮な魚介が手に入ったら、速攻を持ち味とする漁師料理にチャレンジ!!　超美味に思わず舌鼓を打つ。

A5判・144頁・定価(本体一二六二円+税)　甲斐崎　圭著

炭火クッキング道楽
遠赤外線効果もあって、熱源としての炭が見直されている。肉、魚介、穀菜などの食材を生かした炭火料理の決定版!!

A5判・144頁・定価(本体一二六二円+税)　増田幹雄編

九十九里発　イワシ料理
イワシの本場である千葉・九十九里町。ここで受け継がれたイワシの郷土食から新しい調理法まで、まるごと伝授。

A5判・112頁・定価(本体一一六五円+税)　田村清子編

きのこクッキング王道
独特の香りがある天然キノコ。マツタケからシメジ、マイタケ、ナメコなど野趣満点のキノコ料理オン・パレード。

A5判・132頁・定価(本体一二六二円+税)　きのこ満悦クラブ編

週末は鍋奉行レシピで
フンワリ立ちのぼる湯気、プーンと漂う香り……暑さ寒さをものともせず、一つ鍋の家の子郎党的「共食」を楽しむ。

A5判・128頁・定価(本体一一六五円+税)　小野員裕著

燻製づくり太鼓判
〝煙の魔術〟によって肉、魚介などがオツな味に変身。つくる楽しみ、食べる喜びを体得する燻製クッキング入門書。

A5判・160頁・定価(本体一二六二円+税)　大海　淳著

干物づくり朝飯前
手塩にかけてつくった無添加・天日干しの干物は、一枚一枚が実にうまい!!　新鮮な魚介でホンモノ干物づくりに腕まくり。

A5判・112頁・定価(本体一一六五円+税)　島田静男著

摘んで野草クッキング
山野で自然の厳しさに耐えて生育した野草は、たくましいエネルギーの宝庫。旬を生かした野草料理レシピを紹介。

A5判・132頁・定価(本体一二六二円+税)　金田初代著

とびっきり山菜料理
〝楽しいがゆえに採取し、おいしいがゆえに食す〟のが山菜。それぞれの個性を適度に生かした食べ方、楽しみ方を指南。

A5判・132頁・定価(本体一二六二円+税)　やまぼうしの会編

やっぱり梅酒　梅干し
丹精込めてつくった梅干しは、古くから日本人の健康の維持・増進に欠かせない食品。梅干しづくり定番マニュアル本。

A5判・112頁・定価(本体一二六二円+税)　中川紀子著

とっておき果実酒　薬酒
季節を漬け込むお気に入り果実酒、秘蔵果実酒、ヘルシー薬酒などのつくり方を解説。野山の逸材を楽しむ芳醇ガイド本。

A5判・132頁・定価(本体一二六二円+税)　大和富美子著

手づくりビール教本
ついにビールの自家醸造時代の到来!!　ビールの素やキットを活用し、風味は思いのまま。ビールづくり簡単ノウハウ集。

A5判・112頁・定価(本体一一六五円+税)　赤澤　泰著

手づくりみそ自慢
国産大豆を使って仕込んだ無添加・天然醸造のみそ。栄養価にすぐれ、しかも安全でうまい。手前みそづくり早わかり本。

A5判・112頁・定価(本体一一六五円+税)　辻田紀代志著

創森社　〒162-0822 東京都新宿区下宮比町2-28-612　TEL03-5228-2270　FAX03-5228-2410

＊定価は変わる場合があります

［遊び尽くし］シリーズ　●創森社

まめに納豆クッキング
成人病を予防する効果が認められ、健脳食としても注目される納豆。ネバネバが楽しい粒より納豆料理の感激レシピ集。

A5判・112頁・定価（本体一一六五円＋税）　石塚昇一郎著

塩辛づくり隠し技
低塩分、無添加の自家製塩辛は、ごはんの友や酒の肴に打ってつけ。イカの塩辛、酒盗、このわたなどのつくり方を大公開!!

A5判・116頁・定価（本体一一六五円＋税）　臼井一茂著

バーベキューの流儀
じっと焼き具合を見詰め、食べる時機をうかがう。意外に奥が深いバーベキューの食材、道具、焼き方などの極意を指南。

A5判・116頁・定価（本体一一六五円＋税）　谷口彰史著

お気に入りハーブ料理
五感で楽しむハーブ。味わうときには香りづけ、辛みづけ、色づけなどに大活躍。元気の素となるハーブ料理セレクション。

A5判・132頁・定価（本体一二六二円＋税）　佐俣弥生著

お手製ジャムはいかが
旬の果実を生かした手づくりジャム。独特の香りや甘さ、色合いがうれしい。材料の求め方、つくり方、楽しみ方を紹介。

A5判・116頁・定価（本体一二〇〇円＋税）　池宮理久著

豆腐づくり勘どころ
のどごしがよく、豆のほのかな甘みが広がる……有機栽培大豆、天然ニガリなどを使った究極のこだわり豆腐お手本。

A5判・116頁・定価（本体一二三八円＋税）　木谷富雄著

あざやか浅漬け直伝
旬の野菜を手軽にたっぷり摂れることで、人気ナンバーワンの浅漬け。材料の選び方からつくり方までの超簡単レッスン。

A5判・116頁・定価（本体一二三八円＋税）　針塚藤重著

無敵のにんにく料理
スタミナ抜群の食材にんにく。すぐれた成分と薬効を生かしきりたい。おいしく楽しいまるごとにんにくクッキング本。

A5判・112頁・定価（本体一三三三円＋税）　早川拓視著

絶品キムチ早わかり
まろやかな味とコクは伝統の漬けものの奥深さを教えてくれる。本来の素材・つくり方にこだわる本格キムチ早わかり本。

A5判・112頁・定価（本体一三三三円＋税）　呉永錫・柳香姫著

ことこと豆料理レッスン
豆の仲間は多士済々。老舗乾物屋の女将が粒より豆料理の手早いつくり方を紹介。とびっきり豆クッキング便利ブック。

A5判・132頁・定価（本体一二三八円＋税）　長谷部美野子著

手づくりハム・ソーセージ
風味抜群のウィンナー、品格ある正統派ロースハム。安全な食材をもとにしたハム・ソーセージづくりにチャレンジ!!

A5判・116頁・定価（本体一二三八円＋税）　松尾尚之著

手打ちそば天下一品
そば粉一〇〇%だからこそ、そば通をうならせる粋な風味、のどごし——生粉打ちそばの基本テクニックを大公開。

A5判・116頁・定価（本体一二三八円＋税）　池田好美著

皮までおいしいジャガイモ料理
ジャガイモは「皮まで愛して」が基本。まるごと皮ごと利用の大胆メニューから、おなじみホクホクレシピまでを会得する。

A5判・116頁・定価（本体一二三八円＋税）　梅村芳樹著

気楽に自然食レシピ
自然体の自然食こそ、日々の元気の素。身近にある旬の野菜、海藻、穀物などを生かし、滋養たっぷりの自然食を楽しむ。

A5判・132頁・定価（本体一二三八円＋税）　境野米子著

創森社　〒162-0822 東京都新宿区下宮比町2-28-612　TEL03-5228-2270　FAX03-5228-2410
＊定価は変わる場合があります

［遊び尽くし］シリーズ　●創森社

窯《かま》焼きピザは薪《まき》をくべて

ピザを薪窯で焼くのが本場イタリア流。窯づくりからピザ、バウムクーヘンのつくり方、焼き方まで指導する。

A5判・116頁・定価(本体一二三八円＋税)　バウムクーヘン・ピザ普及連盟編

お好み焼き免許皆伝

手軽さとおいしさから日本全国津々浦々で親しまれているお好み焼き。通もうなる感無量のお好み焼きのコツを一挙公開。

A5判・116頁・定価(本体一二三八円＋税)　お好み焼研修センター編

お茶漬け一杯の奥義

気を配ったお茶漬けは、胃にやさしく滋味豊かな一杯になること請け合い。定番から伝承茶漬けまでのオン・パレード。

A5判・116頁・定価(本体一二三八円＋税)　お茶料理研究会編

とことん煮込み術

大きな鍋でグツグツと煮る煮込みは、左党の垂涎の的。老舗の協力を得て、おいしい煮込みのつくり方を紹介する。

A5判・132頁・定価(本体一三〇〇円＋税)　煮込み探偵団編

極上ぬか漬けお手のもの

風味アップの材料を入れたぬか床のつくり方、キュウリやカブなどの定番から変わりぬか漬けまでのポイントを伝授。

A5判・116頁・定価(本体一二三八円＋税)　針塚藤重著

よく効く野草茶ハーブ茶

健康増進、ダイエットなどに効果のある野草茶、薬草茶、ハーブ茶。材料ごとに利用部位、薬効、つくり方、飲み方を解説。

A5判・136頁・定価(本体一二三八円＋税)　境野米子著

おかずみそ極楽図鑑

垂涎の的の焼きみそ、なめみそ、合わせみそのつくり方など、みそ本来のおいしい食べ方をとことん手ほどきする。

A5判・120頁・定価(本体一三〇〇円＋税)　みそ健康づくり委員会編

手づくりチーズ事始め

吉田牧場では牛飼いからチーズづくりまで夫婦で切り盛り。チーズのつくり方、食べ方、醍醐味などを紹介する。

A5判・120頁・定価(本体一三〇〇円＋税)　吉田全作著

雑穀つぶつぶクッキング

雑穀をおかずの食材とした創作料理や雑穀粉でつくる風味豊かなお菓子など、おいしい元気いっぱいのレシピ集。

A5判・144頁・定価(本体一四〇〇円＋税)　大谷ゆみこ著

貝料理あれもこれも

貝類は栄養豊富で消化にもよく、独特な旨みが万人受けの理由。代表的な食用貝の下処理から調理法、食べ方を紹介。

A5判・136頁・定価(本体一三〇〇円＋税)　臼井一茂編

国産小麦&天然酵母でパンづくり

素材にとことんこだわり、麦づくりからパンづくりまでを手がける著者。安全でおいしいパンのつくり方を具体的に紹介。

A5判・136頁・定価(本体一三〇〇円＋税)　片岡芙佐子著

おかゆ一杯の底力

しみじみ旨くてヘルシーなおかゆ。組み合わせる具によって豪華にも質素にもなる。一一〇点の旬菜おかゆレシピ満載。

A5判・144頁・定価(本体一二三八円＋税)　境野米子著

国産&手づくりワイン教本

国産ワインの生い立ちや楽しみ方、日本全国おすすめのワイナリーを紹介。さらに自家醸造のワインづくりなどを手ほどき。

A5判・144頁・定価(本体一四〇〇円＋税)　澤登晴雄著

妻《さい》家《か》房《ぼう》の韓国家庭料理

韓国の家庭料理は実に多彩で滋養に富み、野菜たっぷりのヘルシー食。簡単でおいしい韓国家庭料理のつくり方を紹介。

A5判・112頁・定価(本体一五〇〇円＋税)　呉永錫・柳香姫著

創森社　〒162-0822 東京都新宿区下宮比町2-28-612　TEL03-5228-2270　FAX03-5228-2410

＊定価は変わる場合があります